本书获兰州大学"双一流"建设资金人文社科类图书出版经费资助

人口流动与
家庭关系的变迁

——甘肃岭村调查

POPULATION FLOW AND
THE CHANGES IN FAMILY RELATIONS:
A Survey on Lingcun, Gansu Province

连芙蓉　著

社会科学文献出版社
SOCIAL SCIENCES ACADEMIC PRESS (CHINA)

前　言

　　我的研究主要来源于两个方面：一个是现实生活经历，另一个是理论知识的获得。

　　我是一个从西北农村走出来的孩子，农村的生活伴随了我整个少年时光。同时，作为20世纪80年代出生的人，对于改革开放后农村发生的巨大变化印象深刻。从我记事起，三姑就一直是一个人打理家里的大事小情。不是因为她没有丈夫，也不是因为她没有孩子，而是因为我姑父常年在外面打工，只有过年的时候才回来一次；三姑的两个女儿一个出嫁，另一个也在外面打工。这几年，三姑家的生活过得红红火火，房子在原来的基础上重新装修了，家里不仅多了空调、冰箱，就连三姑的电动摩托车也已经换了两辆。

　　不过我想，三姑是寂寞的，要不然她不会三天两头地去我家，也不会一天十几个小时用手机挂着QQ，更不会有事没事的时候自己也琢磨着要出去打工。用家里人的话说，她这几年一直"折腾"得就没消停过，2012年去给姑父做了大半年的饭，2013年去西安打了几个月的零工，前不久又跟我说想去四川。在我们那，像三姑一样独自留守在家的农村妇女还有很多，为了生存，她们和家人都不得不选择暂时分开，"分而不离"的家庭背后是她们和家人无奈的叹息。

　　第一次接触东乡族，是在一篇硕士学位论文里。作者描述的一群在兰州市从事废旧家具家电收购的东乡族人首先引起了我的兴趣。后来，经过进一步的调查，我又了解到从事这个行业的人员主要来自东乡县Q乡。他们大多是自己一个人在城市里打拼，一年到头也就农忙和过节的时候回家一两次。除了做废旧家具家电回收的小买卖，有的人也在建筑工地上打零工，也有的卖旧木料。当然，最有钱的还是那些拥有拆迁公司的人。他们似乎形成了一个初级产业链，拆迁公司的人负责大生意，把从旧楼房上拆下来的木头卖给自己的同乡，然后那些收废旧家具家电的老乡也会得到消息，蜂拥而去。但这些都不是我的研究志趣，我想知道，家庭观念如此厚重的中国人，他们为什么会背井离乡在外拼搏？他们为什么大多都是单身在城市生活？他们的老婆孩子呢？他们的父母呢？在农村的家怎么办？他们出来之后，夫妻感情如何维系？孩子靠谁抚育？父母靠谁赡养？原来的家庭生活产生了哪些问题？发生了哪些变化？这些疑问，才是我本项研究的重点议题。

社会学家强调，没有不受社会发展、变迁影响的家庭。离开了社会，也就无所谓家庭衍化的客观规律，家庭衍化和变迁都是在与社会的相互作用下完成的。① 因此，我们要研究家庭、研究家庭的变化，就必须首先考察全世界尤其是中国社会持续和急剧的社会变迁过程。美国社会学家威廉·J. 古德在他的《世界革命与家庭模式》一书中指出："史无前例的工业化和城市化以其强大的社会威力影响着我们所熟悉的社会，在新几内亚、中国、南斯拉夫这些相距遥远、文化迥异的国家中，传统的家庭制度都在变化——这又何尝不是工业化和城市化的结果呢？"② 当然，我们不能直觉地认为，工业化、城市化的发展是产生现代家庭变迁的唯一力量，许多家庭变革在工业化以前就已发生，而且无疑已经历了数千年的变化，这些变化是在全然不同的力量之影响下发生的。古德就指出，工业化和城市化仿佛一个百宝囊，它包含了许多大相径庭的势力和进程。除非我们搞清楚哪些次要因素是引起变化的原因，除非我们搞清楚有哪些连锁反应促使工业化和城市化产生了影响，否则，工业化和城市化本身并没有很强的说服力。③ 因此，假若我们断定工业化具有某种特殊作用，我们必须阐明工业化如何改变社会控制力量对丈夫、妻子、儿童或亲属所产生的作用。④ 我们必须弄清楚工业化的这些因素怎样改变了权力、声望或财富杠杆，从

① 杨善华：《家庭社会学》，高等教育出版社，2006，第 1 页。
② 马克·赫特尔：《变动中的家庭——跨文化的透视》，宋践、李茹等译，浙江人民出版社，1988，第 4 页。
③ 威廉·J. 古德：《家庭》，魏章玲译，社会科学文献出版社，1986，第 6 页。
④ 威廉·J. 古德：《家庭》，魏章玲译，社会科学文献出版社，1986，第 7 页。

而使家庭的不同成员或家庭、亲属群体内部的不同关系变得紧张，或者可以避免这类紧张关系。① 因此，我们要研究中国的家庭变迁，就必须对中国社会的变迁背景、具体变迁过程和具体变迁现象等有深刻的认识。

当前，中国社会正处在经济体制加速转轨和社会结构加速转型这样两个转变时期，即从计划经济体制向市场经济体制转变，由农业社会、乡村社会、封闭半封闭社会向工业社会、城镇社会和开放社会转变。② 不可否认，在这两个转变过程中，中国出现了许多经济奇迹，但同时也出现了许多亟待解决的社会问题。其中最突出的现象莫过于大规模流动人口的出现，尤其是"民工潮"的出现，这对中国社会的现代化、工业化、城市化产生了巨大的影响。

中国是一个多民族国家，随着城市化的快速发展和市场机制的引入，阻隔城乡联系的各种制度逐渐松动，这必然吸引了越来越多的农村人口进入城市，特别是大城市。第六次全国人口普查数据显示，2010年全国少数民族人口已达11379.22万人，与第五次全国人口普查数据比较，10年之间增加了736.26万人。与此同时，少数民族的流动人口数量也急剧增长。以兰州市的东乡族为例，第五次全国人口普查数据显示，兰州市的东乡族人口为4972人，而到第六次全国人口普查时，已达15567人，净增10595人，增长幅度达两倍之多。少数民族流动人口进入城市，生活方式、居住环境的改变，社会的发展和少数民族流动人口自身经济实力的提升，必然会影响他们的思想观念和生活方式，从而也使他们的家庭发生方方面面的变化。

家庭的变迁不仅直接改变微观的社会组织结构，而且会在宏观层面影响社会的生产/再生产系统，影响这一社会生产/再生产系统被整合进中国现代化工程中的方式。③ 就像这些在兰州市的东乡族人一样，影响的不只是他们自己和他们的家庭，同时，他们在城市能否健康地生活、有尊严地生活也反映着整个社会的发展程度，关系着中国城市化进程能否顺利开展，尤其是对兰州市这样多民族聚居的城市来说。因此，研究这种流动行为对少数民族家庭产生的影响，其意义将超出家庭范围。

---

① 李东山：《工业化与家庭制度变迁》，《社会学研究》2000年第6期。
② 李银河：《中国婚姻家庭及其变迁》，黑龙江人民出版社，1995，第1页。
③ 金一虹：《流动的父权：流动农民家庭的变迁》，《中国社会科学》2010年第4期。

目　录

第一章

导　论

第一节　人口流动与家庭关系

从 19 世纪的西方到 21 世纪的中国，都已经发生或者正在发生深刻的社会变革，现代化、工业化、城市化席卷了全世界。在这个过程中，作为人类社会生活最基本细胞的家庭当然也深受影响。当然，学术界对家庭的研究也就转变了方向，从刚开始的家庭发展史研究转到探讨工业化、城市化所产生的后果对家庭的影响，再到关注家庭与社会的相互作用，强调家庭的主观能动性，探讨家庭对工业化、城市化产生的影响。

而且，自 20 世纪 80 年代起，西方家庭社会学的研究焦点也发生了变化，从原来对家庭结构的关注逐渐转向对家庭关系的关注。学者们普遍认为，现代家庭区别于前工业化家庭的核心内容不是从血缘扩大家庭制度转变为核心家庭制度，而是家庭关系的变化，包括私人家庭生活内部关系、家庭与亲属群体关系以及家庭与外部社区关系的全面转变。[①] 笔者也认为，家庭结构和家庭规模的变动都只能反映家庭变迁的表面和形式，却不能反映家庭变迁的实质，而家庭关系是家庭生活的动态因素，不仅能反映家庭形式上的变化，而且能反映家庭本质上的变化。因此，本研究在城乡劳动力转移的背景下，重点考察和关注东乡族家庭成员的外流对其家庭内部关系和家庭外部关系的影响。

---

① 　唐灿：《家庭现代化理论及其发展的回顾与评述》，《社会学研究》2010 年第 3 期。

一 人口流动与家庭关系的研究

人口流动改变了原有的家庭结构，改变了家庭成员原有的联系方式和沟通方式，也使得家庭成员的职能发生某些变化，因此，也必然影响家庭内部成员之间以及家庭内部成员和外部世界的关系。

美国学者帕森斯指出，"孤立的核心家庭可能有益于满足工业城市社会固有的职业流动和地域流动的需要，核心家庭不受强制性的扩大亲属关系的妨碍，它能最快地搬到工作场所附近去，能更充分地利用就业机会⋯⋯"。他的著作主要是参照美国中产阶级家庭写的，试图提出家庭和社会间关系的一般性理论。他指出："1）家庭作为一种经济、政治和福利机构的重要性日益下降，而作为一种社会化和抚养子女以及为成年人提供心理支持设施的重要性在不断上升；2）大亲属关系群体的分解和核心家庭内部关系的增强；3）妇女与家庭私人领域的关系以及男子与政治、经济公共领域的关系。"[1] 因此，我们可以看出，发生在家庭结构和活动方面的这些变化其实是对社会其他方面变化的一种适应。

而古德认为，社会和地理的流动性并不是工业社会所特有的，在前工业社会的欧洲就已普遍存在这种现象，帕森斯割裂了现代与历史的联系，片面地认为"孤立的核心家庭"是一种特殊的现代工业家庭，与前现代、前工业家庭是截然不同的。前工业社会也存在核心家庭，不同工业社会在家庭模式和价值观方面是不同的，今天的家庭模式和价值观是对过去的家庭模式与价值观的承续。如英国历史上存在的个人主义价值观依然在发挥作用，日本的家庭模式至今还建立在集体主义价值观与强大的血缘关系纽带上。古德把夫妇式家庭看成是工业社会的特征，并且以和帕森斯差不多同样的方式认为它是适合工业经济制度需要的。他说，夫妇式家庭的意识形态鼓励爱情，并且维护超越于对群体义务之上的个人权利。[2]

日本学者望月嵩在《家庭关系学》一书中，研究了因"单身赴任"而产生的留守家庭的子女教育和夫妻关系问题。所谓"单身赴任"，就是指企业的雇用劳动者，也是拥有自己工作的丈夫（或父亲），他们本来应当

---

① 艾略特：《家庭：变革还是继续？》，何世念等译，中国人民大学出版社，1992，第38页。
② 艾略特：《家庭：变革还是继续？》，何世念等译，中国人民大学出版社，1992，第73页。

与妻子和子女生活在一起，但是由于工作的需要而不得不离开家人，单独
到比较远的工作场所去工作和生活。日本这种"单身赴任"家庭产生的时
间在 1960 年左右。由于经济的高速发展，日本的产业化飞速发展，与此同
时，工薪阶层工作场所的转移也越来越频繁，"单身赴任"的情况也急剧
增加，出现了"札幌光棍儿""广岛光棍儿"的说法。这些工薪阶层像光
棍儿一样生活。"单身赴任"的一个特点就是：它可以作为解决工作单位
与家庭之间对立和矛盾的一种手段。但它给家庭关系造成的影响，主要体
现在夫妇的情感与性关系，以及与子女的关系方面，从而产生了婚外恋、
夫妻关系的破裂、子女的社会化等问题。①

国内学者周伟文等在专著《生存在边缘：流动家庭》一书中，提出了
半流动家庭与双流动家庭的概念。作者认为，农民的流动与家庭的变动之
间的相关度很高，不同的流动方式对农民家庭的影响是完全不同的，因
此，根据农民就地转移、季节性流动和夫妻双双流动到城市从事个体经营
或打工这三种不同的社会流动类型提出了这两种家庭形式。由于受城乡二
元结构体制和计划经济与市场经济二元体制的制约，离农人口面对可流动
但难转移的结构性约束，他们的两栖化生活对家庭关系和婚姻关系造成了
不同程度的影响。由于不能实现个人身份的真正转变，也不能实现真正意
义上的家庭转移，其带来的直接后果：一是流动农民家庭普遍存在夫妻长
期分居的现象，城乡文化、观念、生活方式对他们不同的影响，对他们稳
定而保守的婚姻关系产生了不同程度的冲击和影响；二是夫妻双流动的家
庭为了经济利益，只能将孩子留在农村，交给老人和亲戚看管，孩子的成
长和教育成为这类家庭面临的主要问题。②

龚维斌通过理论分析和实证研究相结合的方式，考察了在农村劳动力
外出就业过程中家庭关系的两个方面——情感关系与权力关系——各自的
变化状况以及相互影响的变迁过程。作者指出，"在情感关系方面，夫妻
双双外出的家庭，无论是在早期还是近期，基本上都能保持良好的情感关
系，甚至在外出就业的同甘共苦、患难与共过程中加深了理解，增进了感

---

① 潘鸿雁：《适应与变迁：社会转型加速期华北农村非常规核心家庭关系研究——以定州农
村为例》，博士学位论文，中国人民大学，2006，第 8 页。
② 周伟文、严晓萍、刘中一：《生存在边缘：流动家庭》，河北人民出版社，2002，第 16 页。

情；而夫妻一方外出的情况则不同，对情感关系有可能没影响或者是好影响，但也有可能是坏影响。在权力关系方面，由于子女外出就业成为家庭经济的支柱，他们在家庭权力结构中的地位上升，成为家庭事务的决策者，使得老人的家庭权力处于边缘地位；女性劳动力的外出，也使得那些作为人妻的妇女有可能成为家庭的主心骨，对家庭事务发表自己的看法，在家庭中的权力地位提高。家庭权力结构的变动并未对家庭团结造成震荡，相反，家庭成员之间更加团结，感情更加深厚。那是因为人们外出就业引发或加速的家庭权力结构变动所产生的权力秩序，先赋性因素减少，自致性因素增多，人们在外出就业过程中通过自己的实践表明了自己的实力，从而在家庭中建立起较高的权力地位。而且这种新的权力是以个人品质与能力为基础的，大家对它是自愿服从"①。作者认为，这种建立在感情与权威基础之上的现代型农村家庭关系正在逐步形成。

根据研究内容和侧重点的不同，我们可以把总体的家庭关系分为家庭内部关系和家庭外部关系。

（一）人口流动与家庭内部关系

家庭内部关系最重要的是夫妻关系和亲子关系。

1. 夫妻关系

李强通过对北京农民工家庭的个案调查将流动农民家庭类型分为单身子女外出、兄弟姐妹外出、夫妻分居、夫妻子女分居、全家外出等五种类型，并且认为分居的家庭模式，在未来的几十年里都会是我国农民家庭的主要模式。② 他认为，"农民工家庭的最基本特征就是家庭成员的长期分居，即流入城市的农民工长时期与家庭其他成员分居，当然其家庭关系还是继续维持着。虽然，我国历史上曾经出现过夫妻两地分居问题，并且在'文革'时期还变得比较严重，但是像今天这样的，农民大规模的、持续的并不断增长的家庭成员分居现象，在我国历史上还是第一次"③。

孙慧芳、时立荣通过对太原市城乡接合部 H 社区流动家庭的调查，认为经济目标和传统因素在流动家庭的生活空间再建中发挥了积极作用，在

---

① 龚维斌：《农村劳动力外出就业与家庭关系变迁》，《社会学研究》1999 年第 1 期。
② 李强：《关于"农民工"家庭模式问题的研究》，《浙江学刊》1996 年第 1 期。
③ 李强：《关于"农民工"家庭模式问题的研究》，《浙江学刊》1996 年第 1 期。

社会生活空间变化和传统因素相适应的过程中，夫妻间一种稳定的"亲密伙伴"关系得以形成。① 罗小锋基于对 34 个农民工家庭的质性研究发现，"农民工夫妻尽管面对时空分离，但他们采取各种策略能动地维系彼此关系，克服时空隔离所带来的交流障碍，促进了夫妻关系的稳定，维护了家庭的完整"②。张传红通过对居住在北京市海淀区马连洼街道的 89 户农民工流动家庭流动前后的性别分工状况进行研究和分析，从而得出了流动在一定程度上改变了农民工流动家庭的性别分工的结论。③ 同时她们还对这 89 户农民工流动家庭流动前后夫妻家庭性别关系的满意度进行了研究和分析，详细探讨了流动对夫妻性别关系满意度的影响。④ 也有学者对流动人口的婚变问题和家庭暴力问题进行了研究。

另外，还有一些学者主要研究了人口流动对农村妇女的影响。李小云认为，妻子留守使女性为家庭创造的价值显性化，因而在某种程度上可提高妇女的家庭地位。⑤ 同时，马春华通过对四川一个外出女性比例高于男性的乡村的调查，发现当地已在一定程度上接受了妻子外出打工、丈夫在家带孩子的别样性别分工模式。⑥

2. 亲子关系

亲子关系通常指的是父母子女关系，是家庭中仅次于夫妻关系的重要角色关系。它反映的是纵向的代际关系，其中核心部分是向下对子女的抚育和向上对父母的赡养。

帕森斯的学生尼尔·J. 斯梅尔塞认为，"在工业化以后，家庭丧失了它原有的教育和经济功能，这些功能由学校和经济组织所取代。由于家庭

① 孙慧芳、时立荣：《农村流动家庭的夫妻关系研究——来自太原市城乡接合部 H 社区的调查》，《北京科技大学学报》（社会科学版）2007 年第 4 期。

② 罗小锋：《时空伸延：半流动家庭中的夫妻关系维系策略》，《内蒙古农业大学学报》（社会科学版）2011 年第 2 期。

③ 张传红：《乡城流动对夫妻家庭性别分工的影响研究》，《中国农业大学学报》（社会科学版）2010 年第 3 期。

④ 张传红、李小云：《流动家庭性别关系满意度变化研究——以北京市农民工流动家庭为例》，《妇女研究论丛》2011 年第 4 期。

⑤ 李小云：《"守土与离乡"中的性别失衡》，《中南民族大学学报》（人文社会科学版）2006 年第 1 期。

⑥ 马春华：《市场化与中国农村家庭的性别关系——社会变迁过程中川西竹村家庭性别关系的变化》，博士学位论文，中国社会科学院，2003。

不再是一个生产性的经济单位，家庭成员便可以走出家庭到劳动力市场上寻求雇主。随着家庭在经济方面的功能的衰退，最终普遍地导致父系权威的下降：家庭活动更多地集中于情感上的满足和对子女的社会化。由于父亲在外供职，母亲同子女的情感依恋便愈加强烈"①。斯梅尔塞进而总结道："现代化形成了一种以情感吸引和一种狭隘的爱情为基础的家庭。除了每个家庭成员各自与外部的联系外，家庭不再作为重要的社会领域。"②

中国农村劳动力的外出，造成父母与子女关系的疏离，并对其子女的受教育情况和社会化过程产生了巨大影响和冲击。流动人口的子女主要包括两部分，一部分跟随父母一起流入城市成为流动儿童，另一部分则留在家乡由他人代养，由此成为留守儿童。对于流动儿童而言，他们在城市的受教育情况受两方面因素的制约，一方面是外界的一些限制性条件，另一方面则是流动人口家庭本身的各种条件的限制，而学者们更多关注的则是他们的家庭教育问题。"农村劳动力外出务工对留守子女的影响是全方位的，从正面来看，外出务工增强了农村家庭对子女受教育的支付能力；从负面看，由于亲子之间交往时间上的长期间断性、空间上的远距离性，使互动的频率极低，从而造成父母在家庭教育中的缺位，在某种程度上造成子女在义务教育阶段家庭社会化的不足。"③ 罗小锋基于对 34 个流动民工家庭的质性研究，发现尽管面临与留守子女空间上的分隔，但外出父母仍能通过各种策略性安排进行跨域抚育。④

人口流动对其向上的亲子关系的最大影响就是加剧了传统父辈权威的衰落，同时对农村家庭的养老模式也造成了冲击。费孝通先生认为，在经济机会不断扩展的社会里的人们不会感觉到长辈的权力。东方的农业封锁了经济发展的机会，而西方的工业却打破了这道封锁线。……经济的封锁线既然已经被科学打破，人类的机会可能会有增无减，老年人所持以获得

① 马克·赫特尔：《变动中的家庭——跨文化的透视》，宋践、李茹等译，浙江人民出版社，1988，第 37 页。
② 马克·赫特尔：《变动中的家庭——跨文化的透视》，宋践、李茹等译，浙江人民出版社，1988，第 38 页。
③ 李庆丰：《农村劳动力外出务工对"留守子女"发展的影响——来自湖南、河南、江西三地的调查报告》，《上海教育科研》2002 年第 9 期。
④ 罗小锋：《流动民工家庭跨域抚育策略的研究》，《江南大学学报》（人文社会科学版）2011 年第 3 期。

尊敬的基础似乎已经动摇了。[①] 父辈权威在传统农业领域逐渐丧失，在城市生活领域让位，子女的地位则在这一过程中逐步得到提高。[②] 也有学者认为，人口流动弱化了传统家庭之间的社会规范和代际关系；另外，外出人口价值观的改变，削弱了传统的孝道观念，劳动力的流动减少了年轻一代支持他们父母的意愿和能力。[③] 同时，"由于计划生育的影响，家庭结构趋于小型化、核心化，造成家庭代际关系的重心下移。传统社会的家庭中心是老年人，而现代家庭的代际重心几乎无一例外的都是孩子"[④]。目前学界研究都较一致地认为子女外出给留守老人的照料问题带来很大挑战。

（二）人口流动与家庭外部关系

家庭外部关系是和家庭内部关系相对应的一个概念，是家庭成员的个人关系向外延伸的结果，主要包括家庭与亲属群体的关系、家庭和社区的关系等。

1. 亲属关系

大多数西方学者一般都认为，传统社会向现代社会的转变，导致了亲属关系出现逐渐弱化的趋向。如帕森斯参照美国中产阶级家庭对亲属关系的功能主义的描述："家庭向现代性的转变需要以亲属关系团体分解和一种家庭体制的出现为前提。在这种体制下，核心家庭的成员摆脱了对较远的亲属的义务，配偶间的义务相应得到了强调。……核心家庭成员有时与其他亲属保持联系，但这种关系没有结构基础，而且在逐渐减弱。现代社会的核心家庭在经济上是与其他亲属相独立的，它组成一个孤立的家庭生活单位，而且按照明确规定的血统准则，它对母亲家庭和父亲家庭都没有任何义务关系。……姻缘纽带成了现代家庭的'结构基石'。"[⑤] 在工业化和现代化的进程中，家庭关系渐趋核心化、非亲属化，职化流动拉大了亲属间在地理与社会上的距离，社会福利、保障体系的发展也在一定程度上

① 费孝通：《费孝通文集》（第三卷），群言出版社，1999，第291~293页。
② 龚维斌：《农村劳动力外出就业与家庭关系变迁》，《社会学研究》1999年第1期。
③ H. L. Wilensky, *Rich Demographics: Political Economy, Public Policy and Performance* (University of California Press, 2002), p. 891.
④ 刘桂莉：《眼泪为什么往下流——转型期家庭代际关系倾斜问题探析》，《南昌大学学报》（人文社科版）2005年第6期。
⑤ 艾略特：《家庭：变革还是继续？》，何世念等译，中国人民大学出版社，1992，第39~40页。

降低了人们对亲属关系的依赖程度。

"哈雷雯在对 19 世纪后期和 20 世纪早期曼彻斯特和新罕布什尔移民工人的亲属模式这一著名的研究中发现，与其说亲属关系'压制个人'和妨碍流动，倒不如说亲属关系充当了个人和家庭从前工业环境到工业环境的传输工具。工人在亲属群体中迁移并且带着亲属援助的传统模式。这种与亲属群体密切互动的家庭关系被哈雷雯重新定义为一种对新经济机会做出反应的传统生产模式。但是她同时强调，这些关系与他们在农村时的本来面目已经大相径庭。更多的经验研究也显示，传统的习惯以及传统的人际关系不仅使劳动者更能适应工业化过程，而且直接地支持了这一过程。事实上，这些现象在发展中国家的发展进程中更为明显，这也是后发展国家工业化过程中的一个重要特点。"[1] 笔者在调查兰州市少数民族流动人口的过程中，对此深有体会。流动行为的实现，亲属关系的帮带和援助作用非常大。

潘鸿雁在《国家与家庭的互构——河北翟城村调查》一书中，通过对翟城村非常规核心家庭关系的调查发现，居住地之间的远近与亲属之间的联系程度直接相关，居住的距离越近，亲属间实际的来往越多，其交往互助也越多，彼此能够为对方提供实实在在的方便，当然亲属关系就越亲密。同时，在翟城村，除了先赋性的血缘关系构成的正式亲属关系外，关系网中的多数关系（诸如姻亲等）是靠村民们自己建立和培养起来的，这种关系网可以看作是实践性亲属关系的体现，反映了农民日趋理性化和功利化的行为取向。而且这种实践的亲属关系主要是以女性为主体展开的。[2]

王跃生认为，家庭核心化在农村集体经济时代并不意味着父子、兄弟分别生活的家庭之间联系的下降。农业生产的单位虽然依然是家庭，但已婚分居子女与父母及兄弟姐妹的家庭之间由于地理上的临近以及人口流动性小，日常的联系仍然非常紧密。而恰恰是因为家庭成员流动行为的增多，拉大了这些亲缘家庭在空间上的距离，使得日常生活的互助和养老责

---

[1] 唐灿：《家庭现代化理论及其发展的回顾与评述》，《社会学研究》2010 年第 3 期。
[2] 潘鸿雁：《国家与家庭的互构——河北翟城村调查》，上海人民出版社，2008，第 121 ~ 122 页。

任的履行变得困难。①

2. 家庭与社区关系

张继焦在《外出打工者对其家庭和社区的影响——以贵州为例》一文中把外出务工者与社区的互动关系称为"社区型反刍",认为这种反刍包括两类:一类是"社区外向式反刍"——外出打工者在自己的亲缘网络范围内帮亲带友到外就业,扩大家乡亲友在外就业的数量,外出就业者越来越多,他们从外部对家庭的影响也越来越大;另一类是"社区内向式反刍"——越来越多的外出打工者在外挣得一定的资金之后,纷纷回乡创业,支援家乡的建设。②

李培林认为村落是一个以血缘、亲缘、宗缘、地缘等社会关系网络构成的生活共同体,"城中村"也不例外。"城中村"不是一个由陌生人构成的生活共同体,也不是一个仅由业缘关系而构成的熟人社区,具体来说它是一个由血缘、亲缘、宗缘和地缘关系结成的互识社会。农民在改变职业身份的非农化以后,之所以对村落社会关系网络还有那么大的依赖性,是因为他们面对一个新的陌生社会,有着共同抵御风险和外部压力的需要。③

潘允康认为,在传统社会人们的亲属观念较强,血缘关系重于其他关系,这是和当时的生产方式、生活方式相联系的。人们以一家一户为单位,实行小农经济,实行家长制,安土重迁,"鸡犬之声相闻,老死不相往来"。这种不发达的业缘关系、地缘关系,必然带来发达的血缘关系。现代社会实行社会化大生产,社会流动性很高,发达的业缘关系、地缘关系,必然破坏人们原有的血缘关系,发展其他方面的关系。表现在家庭网上则是由有亲属关系家庭之间的关系发展为非亲属之间的关系,即朋友家庭之间、同事家庭之间、邻里家庭之间的关系。④

潘鸿雁从盖房中的邻里帮工、仪式活动中的邻里帮工、邻里之间的资

---

① 王跃生:《制度变革、社会转型与中国家庭变动——以农村经验为基础的分析》,《开放时代》2009 年第 3 期。

② 张继焦:《外出打工者对其家庭和社区的影响——以贵州为例》,《民族研究》2000 年第 6 期。

③ 李培林:《巨变:村落的终结——都市里的村庄研究》,《中国社会科学》2002 年第 1 期。

④ 潘允康:《家庭网和现代家庭生活方式》,《天津社会科学》1988 年第 1 期。

金获得关系和互惠平衡的人情交往四个方面来论述翟城村非常规核心家庭的邻里关系。她发现，村民之间的社会交往主要靠人情来维系，表现为发生重大家庭事件时的互相帮助，既有资金上的支援，也有劳务等实体帮助。面子对于村民人情关系的交往非常重要，村民之间正是通过面子、人情等在关系交往中建立起相互间的信任机制。①

曹锦清通过对浙北乡村的调查发现，在 20 世纪三四十年代的浙北乡村，由于商品经济的发展，地权在家庭间转移速度加快，人口流动范围扩展，人口流动速度加快，原有的亲缘关系、地缘关系已经不能满足人们全部的交往需要，朋友关系相应地得到发展。②

二　少数民族人口流动与家庭关系研究

（一）东乡族人口流动与家庭关系研究

陈文祥在其博士学位论文《新疆东乡族文化变迁研究——以老城村及其它三村为个案》中详细阐述了东乡族在迁移到新疆之后家庭关系发生的变化。传统的家庭中权力不对等的夫妻关系依然存在，家庭暴力也屡见不鲜，但是随着择偶方式的自主化，一种能尊重相互意见、共同协商的较为平等的夫妻关系也开始形成。

亲子抚育关系在过去 20 多年中也发生了显著的变化，生育观念的变化，造成了子女数量的减少，同时父母对待孩子的教育方式也由过去简单粗暴的打骂变为现在的训斥和说服，孩子的学习也越来越受到父母的重视和支持；亲子赡养关系则由于父母在家庭中传统权威地位的弱化或消失，也出现了子女对父母的赡养不到位或缺失的现象，并因赡养父母问题而引发亲子间或兄弟姐妹间的矛盾和纠纷。在亲属关系方面，建立在血缘关系基础上的"家伍"（建立在父系血缘关系基础上的家庭关系）逐渐失去了其文化和社会组织意义上的功能，在亲缘关系网中日益衰落；而建立在母系血缘关系或因姻亲关系结成的亲属关系网，已经被编织得非常庞大，而

① 潘鸿雁：《国家与家庭的互构——河北翟城村调查》，上海人民出版社，2008，第 139 ～ 140 页。

② 曹锦清、张乐天、陈中亚：《当代浙北乡村的社会文化变迁》，上海远东出版社，2001，第 509 ～ 510 页。

且互动和交往方式非常多，可以分为高频交往、中频交往、低频交往、重大事件中的交往和特殊交往。在社会关系网络方面，陈文祥认为老城村的东乡族有强关系网络（诸如家伍、姻亲、邻居和朋友关系）和弱关系网络，并且认为强关系和弱关系是可以相互转换的。

"东乡村"是白晓荣在其硕士学位论文《边缘群体的城市适应——兰州市"东乡村"及其民俗生活研究》中提出的一个概念，指的是由东乡族流动人口形成的一个相对集中的民族聚落。作者通过实地调查，发现"东乡村"的人际关系主要有四种形式：亲属关系、乡源组织、宗教组织、"粘连"（东乡人对朋友、兄弟等的亲昵称呼）和业缘关系。在这些关系中，既有作为传统社会主要人际关系的血缘关系和地缘关系，也有作为现代社会重要人际关系的业缘关系和朋友关系。在亲属关系中，最重要的还是家伍，"东乡村"居民最初的迁移就是同族移居，他们同族移居的一个基本目的，便在于保持血缘关系与地缘关系；乡源关系与家伍关系具有很密切的关系，同村同族迁移保持了地缘与血缘关系，地缘与血缘互为强化，是"东乡村"形成如此地缘关系的主要原因之一；"东乡村"居民处在传统社会向现代社会的转变，从单一行业向多行业的转变或者职业化过程中，他们的人际关系除了仍然沿袭传统的血缘和地缘关系以外，也在扩大业缘关系和"粘连"圈子。①

另外有几篇期刊论文都是从某个方面论述了东乡族家庭在社会变迁、劳动力城乡转移这个大背景下发生的变化。如温蓉论述了在改革开放和社会变迁的大背景下，东乡族家庭发生的一系列变化：家庭规模呈缩小趋势，但小型化速度缓慢；家庭类型以核心家庭和主干家庭为主，同时呈现多样化趋势；家庭生产功能和消费功能有所增强；家庭生育功能有所减弱；家庭教育功能和养老功能变化微弱，而宗教功能凸显；家庭关系保持和谐，但家庭传统权威力量受到了冲击。②马少虎等通过对兰州市东乡族流动人口教育观念的调查发现，他们在教育观念上已经取得了可喜的进步。如普遍感受到教育的重要性和必要性，对宗教和文化的关系认识比较深刻；大

---

① 白晓荣：《边缘群体的城市适应——兰州市"东乡村"及其民俗生活研究》，硕士学位论文，西北民族大学，2006。

② 温蓉：《社会变迁中的东乡族家庭：结构、功能及家庭成员关系》，《社科纵横》2007年第4期。

部分人已经摈弃了重男轻女或重女轻男的落后封建教育思想等。① 周林刚采取因子分析的方法，他以对东乡族苜叶里社区的调查资料为素材，对家庭在农业劳动力流动决策中的作用做了分析。最后他认为是户农业劳动力的剩余量、预期的非农收入、户耕地面积、户农业纯收入等四大因素相互作用，共同构成了该社区107名农业劳动者流向城镇非农行业的合力。②

（二）其他少数民族人口流动与家庭关系研究

关于其他少数民族人口流动与家庭关系的研究，一般以期刊论文居多，按照涉及内容和侧重点的不同，可以分为以下几个方面。

1. 总体论述

麻国庆认为，土默特地区20世纪50年代后快速发展的工业化和都市化，对当地的主体民族——蒙古族的社会文化产生了重大影响。表现在家庭方面，就是男女两性角色趋于平等；在生育观和子女观上，大多数人都倾向于男女都一样，理想的子女数为两个；现代社会家庭不再以父母为中心，而转向以子女为中心，希望子女经济上能独立。③

2. 人口流动对家庭内部关系的影响

马艳论述了在保安族地区由于农村劳动力的转移而对家庭关系尤其是夫妻关系产生的影响。她认为劳动力转移对于夫妻关系是一把双刃剑，既有促进作用，也有不良影响。④ 李欣欣、孙秋云通过对贵州黔东南西江苗寨、肇兴侗寨的问卷调查和深入访谈，探讨了电视下乡、打工经历对贵州少数民族乡村妇女育儿方式的影响，认为电视普及和城市打工的经历增强了她们对现代文明的接受能力，推动着她们试图用现代化的方式和理念教育子女，并对子女的成长怀有与上一辈妇女不同的期待。⑤ 苏日娜、赛尔格通过对呼和浩特市蒙古族流动人口的调查发现，他们通过自身的社会经

---

① 马少虎、马进山、马少彪：《城市化进程中少数民族流动人口的教育观念研究——以兰州市东乡族流动人口为例》，《学术纵横》2009年第1期。
② 周林刚：《家庭对农业劳动力流动作用的多因素分析》，《西北民族研究》2003年第3期。
③ 麻国庆：《内蒙古土默特地区的都市化与蒙古族的文化变迁》，《中山大学学报》（哲学社会科学版）1990年第4期。
④ 马艳：《劳动力转移：社会变迁与家庭关系——以保安族为例》，《青海民族研究》2007年第4期。
⑤ 李欣欣、孙秋云：《电视下乡、打工经历与贵州苗族、侗族乡村妇女家庭生活变迁》，《贵州民族研究》2010年第2期。

历已意识到教育对现代人的重要性，因此都很希望自己的子女将来能够接受高等教育。① 于慧以甘肃省 L 市社区部分少数民族流动人口家庭的父母和子女为调查对象，探讨了西北少数民族流动人口家庭亲子互动的特点，包括：缺少亲子互动，互动方式单一；父母为主导，子女处于被动、从属的地位；重教而不会教；情感性；生活教育性；民族教育性；亲子互动针对特定问题、围绕子女家庭社会化而展开；城市边缘群体逐步融入城市现代化的过程。② 杨荣以余丁坝村为个案，将家庭变迁纳入社会变迁的视野，探讨了社会转型给彝族传统家庭带来的前所未有的影响。他认为，"父母在，不远游"的传统孝道伦理在外出打工大潮的冲击下已经分崩离析，留守老人生活堪忧，日常生活无帮手、生病无人陪伴、缺乏精神慰藉，家庭赡养功能退化。③

3. 人口流动对家庭外部关系的影响

杨须爱、辛国强在白龙江流域一个藏族村落新坪展开的调查发现，由于在外求学和务工人数的不断增加，村民的社会交往圈超越了血缘关系和地缘关系的限制，业缘情缘性交往不断增加。④

笔者通过文献梳理发现，目前学术界对少数民族人口流动与家庭关系的研究存在两个特点：一个特点是对实地调查的重视。几乎所有的文章、学位论文都是在田野调查的基础上完成的，因此，我们不能忽视这种用事实说话的方法。通过不同学者对不同地区、不同民族的家庭关系在劳动力城乡转移背景下出现的相同或不同变化的论述，我们既能把握其中的共性，又能看到每一个民族与众不同的地方。另一个特点就是论文多、专著少；从某一个方面论述的多，对总体家庭关系即把家庭内部关系和家庭外部关系相结合的研究较少。这既是整个少数民族人口流动与家庭关系研究方面的特点，同时也是东乡族人口流动与家庭关系研究方面的特点。

---

① 苏日娜、赛尔格：《蒙古族流动人口的婚姻家庭状况——以内蒙古呼和浩特市为例》，《中央民族大学学报》（哲学社会科学版）2005 年第 6 期。
② 于慧：《西北少数民族流动人口家庭亲子互动过程的实地研究——以甘肃省 L 市为例》，硕士学位论文，西北师范大学，2004。
③ 杨荣：《彝族农村现代家庭功能变迁研究——以云南省楚雄彝族自治州余丁坝村为个案》，《社会科学论坛》2010 年第 14 期。
④ 杨须爱、辛国强：《白龙江流动藏族家庭生活变迁之研究——以宕昌县新坪藏族村为个案》，《青海民族研究》2006 年第 7 期。

本研究试图把东乡族家庭的微观研究置于宏观社会变迁的背景之下，通过对岭村和兰州市的实地调查，详细考察由社会与家庭相互作用、共同形塑的东乡族"半漂式流动家庭""全漂式流动家庭"的形成及家庭关系的变化。家庭作为一个能动的主体，在做出家庭成员外出打工这个策略时，既是对社会变迁的回应，也是一种积极主动的选择。每一种家庭策略都能体现其家庭所处的不同的位置和角色、家庭成员之间不同的互动方式和关系，不同的家庭策略也会产生不同的结果。本书重点关注外出打工这个策略实施后，东乡族家庭关系出现的变化和调适，并把家庭关系分为家庭内部关系和家庭外部关系进行系统阐述。

第二节　人口流动相关理论视角

一　家庭策略的理论视角

本研究以家庭策略为理论视角，主要是基于以下考虑：首先，家庭策略的研究将宏观的社会变迁背景与微观的家庭成员互动结合起来，不仅能把握社会变迁对家庭的作用，更能体现在这个过程中家庭对社会的影响。并且，家庭策略的研究可以使我们关注家庭决策的产生过程，因而也必须关注家庭成员之间的互动及在互动中体现出来的家庭成员之间的关系。[1] 其次，通过综合的研究方法来认识家庭策略的产生机制、一般过程、对社会的反作用，能使我们窥视在家庭策略制定过程中，人际互动中反映出来的由社会变迁导致的家庭关系的变化，及这种变化所具有的家庭制度变迁的性质。[2]

"家庭策略"这个概念的提出，是为了更好地理解工业化过程中家庭的作用，研究家庭面临新的外部环境时的决策过程。家庭策略主要指家庭及其成员的决策过程和时机，如何时让子女离家谋生、何时改变住所、何时进行家庭人口控制等。当代家庭史研究通过个人日记、信件等材料来推

---

[1] 樊欢欢：《家庭策略研究的方法论——中国城乡家庭的一个分析框架》，《社会学研究》2000 年第 5 期。

[2] 樊欢欢：《家庭策略研究的方法论——中国城乡家庭的一个分析框架》，《社会学研究》2000 年第 5 期。

断人们的家庭行为模式。① 家庭策略主要表现为家庭决策,在家庭决策的制定过程中,哪个人起主导性作用,不同的人对决策的影响程度如何,家庭决策如何最终确定,这些问题体现的不仅是家庭成员之间的关系,而且对家庭的整体形态、家庭对社会的影响都可以通过家庭策略得到进一步理解。

具体到本研究,主要关注以下内容。

第一,家庭策略的形成过程。也就是东乡族家庭在做出流动或不流动、一个人流动或全家流动、谁流动等这些决策时谁起主导作用,从中可以考察家庭各成员之间的关系。

第二,家庭策略的形成背景。考察东乡族"半漂式流动家庭""全漂式流动家庭"形成的大的社会背景和其家庭本身所具有的价值和规范。

第三,家庭策略的影响因素。主要考察家庭中各个成员不同的职业、受教育程度、价值取向等对家庭决策的影响,因为他们的主观能动性可能使不同家庭在同样的社会变迁过程中形成不同的选择。

第四,家庭策略形成的结果。一种家庭策略的形成在一定时期中会处于相对稳定的状态,并且会影响接下来的一系列家庭策略。所以东乡族家庭在做出流动的决策时,一定会对随之而来的诸如夫妻关系的维系、子女的教育、老人的赡养和亲属关系的处理等家庭决策产生影响,进而使家庭关系发生改变。

二 人口流动、家庭关系有关概念

为了研究与行文的方便,现将本研究涉及的几个核心概念界定如下。

(1)"半漂式流动家庭",是指一家中的主要劳动力因各种原因(如进城打工、做生意,工作调动等)长期外出,妇女、小孩留守在家,家庭生活重心还在农村,但是家庭成员之间长期分离、聚少离多。

(2)"全漂式流动家庭",是指全部家庭成员因各种原因(如进城打工、做生意,工作调动等)一起进城,家庭生活重心完全转移到城市,但户籍仍旧留在农村,家庭各成员之间不用分离,可以在一起生活,也可以

---

① 张永健:《家庭与社会变迁——当代西方家庭史研究的新动向》,《社会学研究》1993 年第 2 期。

一起面对陌生的城市和未知的风险。

（3）家庭内部关系，是指家庭各成员之间的关系，主要包括横向的夫妻关系和纵向的亲子关系。本研究主要从经济、权力、情感三个方面探讨夫妻关系发生的变化；纵向的亲子关系主要涉及对下一代的抚育与对上一代的赡养两个层面的内容。本书特指"半漂式流动家庭"和"全漂式流动家庭"的内部关系。

（4）家庭外部关系，在本书主要指的是"半漂式流动家庭"和"全漂式流动家庭"同亲属群体和邻里之间的关系。前者既有建立在父系血缘关系基础上的家族关系，又有建立在母系血缘关系和姻缘关系基础上的姻亲关系等；后者主要是由于地理上的临近形成的邻里关系。在东乡族社会，最重要的亲属关系就是建立在父系血缘关系基础上的家族关系，东乡族称为"家伍"，并且按照亲属关系的远近，"家伍"可分为"亲家伍"和"老（大）家伍"。"亲家伍"一般是同一祖父的直系后代，"老（大）家伍"一般为同一曾祖父或太祖父的直系后代。东乡族一般把通过母系血缘关系或因姻亲关系结成的亲属关系称为"亲故"。

三　田野调查点——岭村

本书的研究对象是那些有人员因各种原因（如进城打工、做生意等）从岭村流动到兰州市的东乡族家庭，包括生活重心依然在农村的"半漂式流动家庭"和生活重心已基本转移到城市的"全漂式流动家庭"。

周伟文等曾经对流动人口家庭下过定义：流动人口家庭指农村改革开放以来，那些有家庭成员流动到城市和到外地务工或经商的农民家庭。他们把农民的社会流动类型划分为三类："第一类是就地转移，即在当地的乡镇企业做工或从事其他劳务，表现为早出晚归，夫妻仍然生活在一起，但夫妻之间的角色分工和职业分工有了变化。第二类是季节性流动，即丈夫在大部分农闲的季节到县城以外的地方去打工，妻子留守在家中，一年中约有三分之二的时间，夫妻处于分离生活。第三类是夫妻双双流动到城市从事个体经营或打工。"[1] 他们认为，第一种流动类型属于兼业性转移，农忙的时候白天上班做工，晚上可以继续从事农业生产，这类农民被称为"月光下

---

① 周伟文、严晓萍、刘中一：《生存在边缘：流动家庭》，河北人民出版社，2002，第15页。

的劳动者"。第二种流动类型属于半兼业转移，农闲的时候外出打工，农忙的时候，回家帮忙经营田地。这两种流动可以称为半流动家庭。第三种流动类型属于"完全转移"，基本完全脱离农业。这类家庭被称为"双流动家庭"①。金一虹认为，"举家外出"，在一般情况下，并未把老人计算在内。流动家庭的结构因参与流动的家庭成员不同而不断变化，大体可以分为家中主要劳力外出、妻子留守、家庭重心仍在农村的"扎根式流动家庭"和夫妻一起外出、家庭重心在外（子女在或不在一起）的"离乡式流动家庭"两类。②

在我们调查的岭村，有一条不成文但大家都墨守的规定，就是妇女不能出去打工，尤其是严格限制未婚女性出外打工。所以这个村子的人口流动主要有两种形式，一种是家庭主要男性劳动力季节性外出，妇女留守在家，照顾孩子或老人；另一种是全家式迁移，家里有老人的也大多随行，家庭生活重心完全转移到城市。

不管是半流动家庭和双流动家庭之分，还是"扎根式流动家庭"与"离乡式流动家庭"之分，都只能描述家庭流动的人数、家庭生活的重心等表面化的特征，却没有把流动人口在进城打工或经商这个过程中的心理状态表现出来。因为岭村的东乡族流动人口不管是季节性流动的，还是已经迁移到城市居住的，他们的户籍都还留在原村。所以他们在城市始终是没有归属感的，是一种无根的漂浮。而那些留守在农村的家庭成员也往往会对外出的人牵肠挂肚。基于此，本书不仅从家庭流动的人数、家庭生活的重心，而且从家庭成员的内心感情出发，把岭村的东乡族流动人口家庭分为两种："半漂式流动家庭"和"全漂式流动家庭"。

本书重点考察普通家庭变为"半漂式流动家庭"或"全漂式流动家庭"后，家庭关系所发生的变化，即由家庭人员的流动对家庭关系所造成的影响和产生的问题。本书把家庭关系区分为家庭内部关系和家庭外部关系，前者主要包括夫妻关系和亲子关系，后者主要指的是亲属关系和邻里关系。通过深度访谈，不仅可以系统深入地分析东乡族传统家庭在农村劳动力城乡转移这个大背景下发生的变化及存在的问题，同时也可以通过

① 周伟文、严晓萍、刘中一：《生存在边缘：流动家庭》，河北人民出版社，2002，第15～16页。
② 金一虹：《流动的父权：流动农民家庭的变迁》，《中国社会科学》2010年第4期。

"半漂式流动家庭"和"全漂式流动家庭"的细致描述，揭示出不同生活场景下家庭不尽相同的变化特点。

从本书的研究主题、对象和旨趣来说，既需要回顾历史，查阅文献，又需要从不同方面对对象进行概括，同时也需要对不同个案的具体情况进行深度把握，所以在方法的运用上需要把相关方法进行结合。本书以实地调查的访谈为主，在访谈岭村的过程中，对东乡族相关的地方志、年鉴、地方文史资料、族谱、档案、民间文学、宗教文献、著作论文以及地方统计数字等进行收集，确保掌握翔实的实证材料。

进入乡村和城市的田野点进行实地调查，采用以个案深度访谈为主，问卷调查为辅的方法。个案深度访谈的内容主要涉及个人生活史、职业史、家庭史以及家庭关系的具体处理等方面，共访谈了20名外出打工人员或其家庭成员，年龄以20～40岁居多，最小的23岁，均为已婚者，文化程度以小学和文盲为主。问卷内容主要涉及东乡族流动人口家庭的结构、规模、家庭关系的现状等方面。村落和兰州市的调查对象，都采取的是非概率抽样。村落中，主要是在村干部的带领和介绍下挨家挨户寻找有人员流动的家庭，共回收有效问卷41份。兰州市则主要是通过滚雪球和熟人介绍的方法寻找同村出来的人，共回收有效问卷10份。本研究中的"半漂式流动家庭"和"全漂式流动家庭"就是在调查过程中发现的在村落和城市中不同的家庭形态。

│第二章│

岭村：历史

第一节　岭村①的确定

岭村作为调查地点是根据先人后地的顺序确定的。首先，我们先寻找到感兴趣的人，即在兰州从事废旧家具和家电收购的东乡族流动人口。其次，确定了研究问题，欲对他们的家庭关系变迁情况进行调查研究。最后，根据这些人，顺藤摸瓜，找到他们的主要流出地——东乡县 Q 乡，并最终确定将人口外流比较多的岭村作为乡村的调研地点。

岭村位于甘肃省临夏回族自治州东乡族自治县 Q 乡偏西北方向。将岭村作为个案研究的对象，主要是基于以下几点考虑：其一是经济原因。2011 年岭村的农民人均年纯收入只有 1596 元，全村共有 6 个社，188 户，1032 人，却有低保户家庭 101 户，394 人，五保户家庭 8 户，12 人，贫困状况突出。其二是岭村的劳务输出状况。其实，岭村的劳务输出是和它的经济贫困密切相关的。这里属于典型的干旱山区，黄土高原在这里被冲蚀成沟壑纵横、支离破碎的丘陵，严重缺水成了制约这里经济发展的重要因素。全村耕地面积 1566 亩，人均只有 1.5 亩，主要经济作物为小麦、玉米和洋芋，而且村民的土地非常分散，产量极低，小麦亩产只有 300 斤，洋芋 500 斤，玉米 200 斤。有的村民地里产的粮食都不够自己家吃，所以只能花钱买面粉。为了取得现金收入，唯一的选择就是出去，去外面闯，才能寻找更多的生存机会。这个村在 2011 年已输转劳务 320 人，劳务创收已

---

①　遵照学术研究规范以及学术伦理，在本书中对研究地点及人名均做了匿名处理。

达 264 万元。

同时，为了体现"半漂式流动家庭"和"全漂式流动家庭"在农村和城市不同的生存状态，以及岭村不同的流动方式对整个家庭关系所造成的不同影响，我们以岭村流动人口的主要输入地兰州市作为城市调查地，以生活在那里的岭村家庭作为主要调查对象。从我们走访过的兰州市内的岭村村民看，他们大多集中居住在市区内的小西湖骆驼巷；还有些人因生意的缘故，分散居住在城关区东岗镇的旧门窗市场、南面滩的旧木料市场周边；另外，安宁区和西固区的木料市场也有少数几户。

第二节　岭村的建置沿革与自然环境

一　建置沿革

岭村位于甘肃省临夏回族自治州东乡族自治县 Q 乡偏西北方向，这里早在 15000 年以前就有人类繁衍生息。

但在清朝之前，并无有关岭村历史的确切考证。据《续修导河县志》载，清圣祖康熙四十六年（1707 年），知州王全臣改"里甲"为"会社"，并以河州州城之所在为中心，环周划出东、西、南、北四乡，共设 109 会，486 社。有文献表明，岭村所在的 Q 乡在这一历史时期的建置是十会，迭烈泉，辖 4 社。[1]

民国时期，今东乡地域属甘肃省第五区行政督察专员公署兼保安司令公署（治今临夏市）辖下临夏、宁定、和政、永靖 4 县分管。各县在东乡设有区、乡（镇）、保甲等基层行政机关。[2] 民国 29 年（1940 年）推行新县制，岭村归属临夏县维新乡。

1940 年至 1949 年新中国成立，岭村所属行政区划没有变化。1950 年 9 月 25 日东乡自治区成立时，辖 7 个区、31 个乡、101 个行政村、440 个自然村。岭村此时隶属于 T 区。1951 年 9 月，T 区增设了 Q 乡。1952 年，东乡自治区调整为 8 个区、40 个乡，岭村此时还不是村，而是隶属于新增

---

[1]　马志勇：《东乡史话》，甘肃文化出版社，2006，第 9 页。

[2]　东乡族自治县地方史志编纂委员会编《东乡族自治县志》，甘肃文化出版社，1996，第 38 页。

加的四甲集区的岭乡。1953 年 12 月 22 日，东乡自治区更名为东乡族自治区。1955 年 5 月 12 日，东乡族自治区改为东乡族自治县。1958 年又撤区并乡，撤销 5 个区，将 35 个乡并为 26 个乡，岭乡被撤，岭村归入 Q 乡；同年 10 月，推行"政社合一"的人民公社，岭村隶属于由 26 个乡合并而成的 7 个人民公社之一的 Q 公社。1983 年 6 月，人民公社管理委员会改为乡、镇人民政府，生产大队管理委员会改为村民委员会，生产小队改为村民小组，岭村由此隶属于东乡族自治县 Q 乡人民政府管辖。

目前，岭村下辖 6 个社，所谓"社"的称谓有两种说法：一种是指康熙四十六年（1707 年）改"里甲"为"会社"，自然村为一个社；另一种是指人民公社时期，生产大队和生产队属于公社下面的组织。[①] 现在"社"的含义就是指自然村。

纵观岭村行政建置的历史变迁，不难发现，由于地处黄土高原和青藏高原的交会地带，地理位置重要，岭村及其周边地域成为历朝历代兵家争夺的重要通道，因此历史上这里动荡不安，行政建置多变。这些历史镜像的积极方面催生了东乡族善于经商、开拓进取、百折不挠的民族精神；与此同时，其消极方面又是研究东乡族劳动者何以仍旧处于自给性农牧业生产方式所不容忽视的历史性制约因素。[②]

二 自然环境

（一）地形——"山高无尖子，沟深无底子，碰死麻雀滚死蛇"

东乡族自治县全境呈方圆形，四面环水，中间高突，略呈"凸"字状，最高海拔 2664 米，最低海拔 1736 米，平均海拔 2610 米。境内山峦起伏，沟壑纵横，属切割破碎的黄土高原沟壑地貌。山坡陡峭，雨裂发育，切割颇深，悬崖峭壁处处皆是。人们形象地说，这里是"碰死麻雀滚死蛇"的地方。山坡陡度一般在 30°以上，有些地方达到 70°。山坡深度大于宽度，深度一般在 30 米至 50 米之间，呈"√"字状。"隔沟能说话，握手走半天"是这种状况的真实写照。

岭村位于东乡族自治县中部偏北的 Q 乡，地形主要以黄土斜梁状丘陵

---

① 杨思远：《咀头村调查（东乡族）》，中国经济出版社，2010，第 5 页。
② 杨思远：《咀头村调查（东乡族）》，中国经济出版社，2010，第 3 页。

为主，山峦起伏、沟壑纵横、山坡陡峭。居民主要分布在官结连梁的山顶和山腰部分。耕地以山地为主，分为阳山和阴山，还有部分耕地分布在沟底的狭窄谷地地带。

（二）气候——"山高和尚头，沟深无水流"

岭村以其所处的地理纬度而言，属于大陆副热带气候。但由于地处黄土高原和青藏高原衔接地带，深居内陆，远离海洋，夏季的东南风难及此地；从孟加拉湾吹来的暖湿西南季风又受太子山的阻挡而减弱，因此冬季风很盛行，气候寒冷干燥，具有高原气候特色，副热带气候特点并不明显。冬长夏短，春秋相连；春季多寒，气温回升缓慢；夏秋温和，降水较多；冬季寒冷干燥，降水稀少。年平均气温 3 ~ 5℃，最冷月 1 月平均气温 −5℃，最热月 7 月平均气温 16℃。无霜期短，日照丰富。无霜期年平均为 138 天，全年日照时数在 2500 小时以上。降水稀少，年平均降水量为350 毫米，蒸发量大，通常是降水量的 2 倍，并且降水分布不均，雨季来得比较迟，易发生干旱。

岭村易发生的干旱有初春旱、春末初夏旱、伏旱、秋旱、伏秋旱等，且呈恶性循环，每逢大旱，草木干枯，土壤龟裂，粮食颗粒无收。最严重的一次干旱发生在 1975 年，出现了春旱连伏旱的情况，农民连续改种 3次，岭村所在的 Q 乡受灾面积达 15000 亩，并且造成了人畜饮水困难。

岭村一方面受旱灾、雹灾、风灾、低温、霜冻等自然灾害的影响，另一方面也受滑坡、水土流失、耕地退化等地质地貌和土壤灾害的影响，这严重制约着当地的经济发展。

（三）土地——"人家都是土地养人，我们这儿是人养土地"

整个自治县的土壤按其成因来看，主要有黄土母质、冲积母质和风化物母质三种。在黄土母质基础上发育起来的有灰钙土、栗钙土、黑土三种。灰钙土面积最大，主要分布在县域东北部及中部；栗钙土主要分布于县域西南部及中部个别地区；黑土则分布于海拔 2300 米以上的阴坡。冲积母质，顾名思义，是由水力等搬运而形成的冲积土、洪积土及次生盐土，这种土壤主要分布在河谷阶地上。风化物母质土壤主要分布于红山陡坡的山脚下。

从土壤的分类来说，东乡县的土壤共分为 4 个土类，5 个亚类，15 个土层，14 个土种。其中，黑垆土类土壤是自治县分布最广的耕地土壤，全县 25 个乡均有分布，面积占全县土地总面积的 45.46%，净耕地占全县耕地面积的 74.60%。栗钙土类土壤是自治县分布最广的土壤，主要分布在海拔 820~2664 米的陡坡山地上，面积占全县土地总面积的 36.69%。黄绵土类土壤主要分布在自治县境内东北部海拔 1800~2360 米的地段上，与淡栗钙土或白麻土交替出现，以果园、高山、大树、北岭、龙泉、董岭、风山、车家湾、柳树乡分布最多，占全县土地总面积的 11.33%，净耕地占全县耕地总面积的 17.61%。红黏土类土壤主要分布在自治县境内西南部海拔 1750~2330 米的地段，在洮河、大夏河、巴谢河沿岸也有分布，面积占全县土地总面积的 7.51%，净耕地占全县耕地的 7.79%。

东乡县的土地缺乏肥力。根据 1975 年对全县土壤养分和酸碱度的化验，自治县的土壤养分状况极差：绝大部分土壤的有机含量一般都在 0.91% 以下，只有个别地块的有机含量在 1%~1.2%。按全国土壤普查规程土壤盐分含量分级的标准来看，东乡县土壤养分含量是很低的。① 因此，可以说东乡县是一片贫瘠的土地，我们调查的岭村也不例外。

第三节　民族形成与经商传统

一　民族形成

就东乡族族源来看，学术界的提法主要有以下六种。一是蒙古族人为主说。其主要论据是东乡族语言与蒙古语非常接近，而且许多风俗习惯也与蒙古族相同。二是三族混合说或多民族融合说。这种观点认为，东乡族是 14 世纪后半叶，由居住在东乡地区的回回人、蒙古族人、藏族人及汉族人共同融合而形成的（其中以回回人和蒙古族人为主体）。此观点在最新的体质人类学研究中得到印证。三是吐谷浑人为主说。其主要依据是东乡族语称东乡语为"土语"，而且在新中国成立前的一些记载中，东乡族被称为"土人"或"东乡土人"，东乡语与土语非常接近（土族语是与东乡

---

① 东乡族自治县地方史志编纂委员会编《东乡族自治县志》，甘肃文化出版社，1996，第 65~66 页。

族语最接近的一种语言），而土族与吐谷浑有渊源关系。还有东乡地区出土的一些陶器，可能是从吐谷浑人的墓葬中挖掘出来的。四是沙陀突厥为主说。这种观点认为，东乡族是以沙陀突厥为主体形成的，他们原来操突厥语，到阴山后逐渐转用蒙古族语言，同时带入不少突厥语成分，加之以后因宗教原因，东乡语中较之同语族其他语言有较多的突厥语词，东乡语小舌音和喉音较多，这也是突厥语的特点，东乡人的体质特征也支持这个假说。① 五是回回色目人为主说。其主要证据首先是 13 世纪成吉思汗西征中亚，在当地征拔了大量壮丁、工匠，后来随蒙古大军到达甘肃地区，逐渐屯垦为民，其中部分屯垦地就在河州、东乡一带，他们成为东乡族的主要组成部分；其次是东乡地区今天还保留着许多以手工业者的行业性质命名的村庄和表示屯垦、牧养活动的村庄名；再次是东乡地区有很多奇僻的、在东乡语种没有具体意义的地名，有人认为这些地名和中亚的某些地名相同或相似；最后是从东乡族文化、民间传说等也可以看到东乡族与中亚的某些联系；另外，从生物遗传学的角度来说，东乡族保留了很多中亚人的外貌特征。② 六是撒尔塔人为主说。这一观点主要由东乡族学者提出，他们将东乡族的自称 Sangta 与历史记载中的撒尔塔人联系在一起，并对历史上撒尔塔的概念进行了考辨，指出撒尔塔是居住在中亚地区的、以商业为主要经济生活方式、信仰伊斯兰教的居民。撒尔塔人说和回回色目人说之间的主要区别在于，撒尔塔人中间不仅包括几种色目人，还包括阿拉伯人、波斯人，比单纯的回回色目人说法更确切一些，因此这两种说法所引用的资料在很多方面是一致的。③ 随着研究的深入，有关东乡族族源的观点逐渐趋于一致，"撒尔塔人为主"说在学术界占据主导地位，即使在一些细节问题上仍存在分歧。

东乡族学者马国忠、马自祥最早将撒尔塔与东乡族族源联系起来，他们在《关于东乡族族源问题》一文中指出，《蒙古秘史》"撒尔塔"的所

---

① 李克郁：《土族历史与语言文字研究文集》，民族出版社，2008，第 142 页。

② 陈文祥：《东乡族族源"撒尔塔"说商榷——兼论东乡族的形成》，《西北第二民族学院学报》（哲学社会科学版）2007 年第 2 期。

③ 参见陈其斌《东乡社会研究》，民族出版社，2006，第 16~24 页；陈文祥《东乡族族源"撒尔塔"说商榷——兼论东乡族的形成》，《西北第二民族学院学报》（哲学社会科学版）2007 年第 2 期。

指非常清楚，就是泛指中亚一带的穆斯林，即回回人。因此，可以认为，东乡族自称"撒塔"并非无缘无故，"撒塔"和"撒尔塔"语音相近，这和中亚一带的回回人有一定的联系。① 此后，马志勇先后撰写了《"撒尔塔"与东乡族族源》《"撒尔塔"考辨》两篇论文。他从东乡族的地名、语言、风俗、体质特征、姓氏、传说、宗教信仰以及零星的史料，详细地论述了东乡族与撒尔塔以及其他民族之间的关系。认为东乡族是以撒尔塔人为主体，融合了其他民族成分而形成的；同时认为民族自称对于考察民族的来源最具说服力。东乡族自称"撒尔塔"应具有一定的说服力。马志勇对"撒尔塔人为主"的观点做了发展性的探讨。而后，马虎成在《东乡族族源》《"撒尔塔"：一个曾经被忽略的民族名称——也谈撒尔塔与东乡族族源》（上、下）中做了更进一步的补充考证，并引用体质人类学的最新研究成果和数据，更具说服力，使这一观点更趋成熟。②

　　总结众多学者对"撒尔塔"一词的考证与梳理，笔者认为我们需要重点掌握和理解两方面的内容，这对我们理解今天东乡族的很多生活方式、习俗、行为方式、根基性情感以及历史心性等都有启发作用。首先是"撒尔塔"和商人的关系。"撒尔塔"原意为"商贾"。12、13世纪的撒尔塔是指定居于中亚一带的信仰伊斯兰教的各种人，主要为色目人、波斯人、突厥人等。自从沟通中亚的商道开辟以来，继粟特人之后活跃于这条商路上的有大食商人、波斯商人，他们曾一度拥有了这条有名的丝绸之路上的专利权，他们的足迹遍于中亚、西亚各地，他们以经商著名，促进中西方的经济文化交流。中国人称他们为"识宝回回"。唐朝以后，撒尔塔商人还活跃于我国的各大城市，史称"善商贾，诸夷交易，多凑其国"。他们的主要作用是充当中西商路上丝绸贸易的中介人，因中亚处在中西交通的会合处，无论来自中国的丝绸、西伯利亚的黄金，还是来自印度的香料、象牙，都要从这里转运到西方去，"商队络绎，不绝于途"。同时有很多大食、波斯商人在条件较好的地方定居下来，建立自己的居住点，这一点在《元史译文证补》中得到证实："撒鲁儿人于十三世纪前，即定居到撒马尔

---

① 马国忠、马自祥：《关于东乡族族源问题》，载马志勇编著《东乡族源》，兰州大学出版社，2004，第157页。

② 马亚萍、王琳：《20年来东乡族研究述评》，《西北第二民族学院学报》（哲学社会科学版）2003年第3期。

罕一带了，他们自称为撒鲁儿，别族称他们为撒尔特，始祖是乌古斯汗。"
这时撒马尔罕布哈拉等城已成为商人的荟萃之地，货物的屯聚之所，这就
是撒尔塔人之所以被称为"商人"的原因。① 其次是"撒尔塔"和伊斯兰
教徒、伊斯兰文化的代表者之间的关系。在中亚一带，很早就有阿拉伯、
波斯商人活跃，他们信仰伊斯兰教后，在这个地区活动更加频繁，主要进
行商业活动。中亚人将他们看作伊斯兰文化的代表者，又因为他们是商
人，所以就用"撒尔塔"来称呼他们。于是"撒尔塔"就成为对伊斯兰文
化的代表者和伊斯兰教徒的称呼。②

二 经商传统

东乡族作为一个概念虽然是中华人民共和国成立后，在第一阶段
（1950～1954 年）的民族识别工作中才生成的，但作为一个民族共同体，
却早在元末明初就已形成。并且从这个民族共同体发展到今天的东乡族，
有两个传统一以贯之，那就是信仰伊斯兰教和经商，并且伊斯兰教的信仰
对东乡族人重商文化的形成有很大影响。

东乡族重视商业的传统不仅和伊斯兰教的信仰有关，而且和东乡地区
所处的地理位置也密切相关。

东乡族自治县地处青藏高原与黄土高原的过渡地带，是农区和牧区、
汉族与少数民族的交汇处。特殊的地理环境，四通八达的水路交通，使东
乡成为古丝绸之路之捷径，自古以来就是商贾云集、贸易发达之区域。特
别是成吉思汗西征，带回大量西域撒尔塔商人及被元朝组织起来的穆斯林
商业组织"斡脱"，将河州、东乡一带的商业活动推向一个新的高潮。《临
夏州志》记载："元代还有不少被称为'斡脱'的官办的穆斯林商队活跃
在临夏地区。"所谓"斡脱"，就是朝廷、官方提供资金，服务于宫廷、官
方及贵族的经商者。经商者主要是回族、东乡族等。他们组成商队，"持
玺书，佩虎符"，享有免税及食宿、交通上的种种特权，可以获得很大利
润。"朝无担石之信者，暮获千金之利。""斡脱"经商"多技巧，会诸国

---

① 马志勇：《"撒尔塔"与东乡族族源》，《西北民族学院学报》（哲学社会科学版）1983 年
第 1 期。
② 马虎成：《撒尔塔：一个曾经被忽略的民族名称——也谈撒尔塔与东乡族族源（上）》，
《西北民族研究》1992 年第 2 期。

言语，真是了得"①。"元时之富商大贾大部为西域之回教徒。"明代，河州设有"番客百户所"，主要由经商的穆斯林组成，还有专设经商的"番厂""集市""茶马司"等机构，东乡族是主要参加者之一。

东乡商人大量贩运包括茶叶在内的日常生活用品，同本地毗邻的藏族地区的畜牧产品进行交换。从外地出入东乡的商品有兰州和汉中的铁铧，西安的铁锅，阿甘镇的沙罐以及其他各地的布、茶叶、灰碱、纸等。东乡族用来交易的商品有毛毡、羊皮及其他副产品。清朝时期，东乡人传承了阿拉伯式长途贩运的商业习惯，他们利用农闲季节，以畜力从事运输，交换物资。长途大宗运输称为"邦"，以骡为主，将本地自产的杏、桃、梨、枣、葵花等土特产品运往兰州、临夏、武威、阿甘镇及青海、四川、西藏、新疆等地，回来时运进茶、糖、布、碱面、食盐、煤、陶瓷家什等。短途运输以驴为主，将自产小麦、洋芋等驮往本地的各集市进行交易。②从事这一商业贸易的，当时称为"脚户"。晚清时东乡境内有600余脚户，史料中的东乡"多脚户、多商贩"便来源于此。③

岭村的东乡人秉承了伊斯兰文化崇尚经商的思想观念，东乡人在很小的时候就开始学习经商，有的甚至从七八岁起就跟随父母在生意场上奔走。但是他们一般读书很少，文化水平较低，文化程度以文盲和小学居多，并且小学也多是没有毕业，只念了两三年。因此，受文化水平等各方面条件的限制，岭村经商的人多属于小本个体经营，主要在兰州、武威等地卖旧木料和旧家具。

第四节　制度变迁与农民流动

1949年，新中国成立之后，百废待兴。为了巩固新生政权和重建社会秩序，国家建立了以户籍制度为核心的一系列制度安排。岭村作为一个小社会，它的人员流动无不受大的国家制度安排、政策变动的约束和限制。就像文军说的，"制度变迁是中国劳动力移民产生的一个前提条件，也是

---

① 彭大雅：《黑鞑事略》，中华书局，1985，第9页。
② 马志勇：《东乡史话》，甘肃文化出版社，2006，第25、28、29页。
③ 张嘉选：《穿越时空——东乡60年发展的多重审视》，人民出版社，2010，第32页。

更深层次的农民市民化的基本要件，它不仅为移民现象提供了一个宏观的政治背景和社会环境，而且也为移民行为提供了可靠的政策依据和法律保障"①。金斯利·戴维斯（Kingsley Davis）也说过，"移民是政策的产物"，任何以经济为主要立论的移民理论，在充满政治考虑和政府干预的移民面前，无不黯然失色。②

以大的制度变迁为背景，可以把岭村的人口流动分为以下几个阶段。

一　从新中国成立到改革开放之前的制度规定

在新中国成立初期，中央政府对人口在城乡之间的流动控制尚不严格，按照1954年的《中华人民共和国宪法》规定，公民具有自由迁徙与自由选择居住地点的权利，因而使1949～1957年成为我国公民完全能够自由迁徙的时期。1954年，全国人口自由迁出、迁入的有2200万人，1955年为2500万人，1956年为3000万人。这些迁移人口既包括东部沿海地区自由前往边疆地区垦荒和自由进城就业的农民，也包括国家有计划组织沿海工厂企业内迁而要求随迁的职工。③ 三年困难时期，安徽、河北、江苏等省的农民、复员军人和乡社干部纷纷外流，不少人试图进入城市寻找生存与发展的机会。④ 农民大量流入城市，引发了粮食副食供应、交通、住房、城市服务等诸种问题。于是，中央政府在全国户口登记的基础上，建立并推行了一套新的户籍制度。《户口登记条例》的通过，标志着城乡有别的二元户籍制度正式确立。二元户籍制度犹如一道无形的城墙，把城市社会和乡村社会彻底分隔开来。户口从此有了城市户口、农村户口的区别，农民从此不再能够随心所欲地进城定居。⑤

然而，由于1958年的"大跃进"运动，《户口登记条例》并没有得到

---

① 文军：《从分治到融合：近50年来我国劳动力移民制度的演变及其影响》，《学术研究》2004年第7期。
② 华金·阿朗戈：《移民研究的评析》，《国际社会科学杂志》（中文版）2001年第8期。
③ 俞德鹏：《城乡社会：从隔离走向开放——中国户籍制度与户籍法研究》，山东人民出版社，2002，第17页。
④ 俞德鹏：《城乡社会：从隔离走向开放——中国户籍制度与户籍法研究》，山东人民出版社，2002，第17页。
⑤ 俞德鹏：《城乡社会：从隔离走向开放——中国户籍制度与户籍法研究》，山东人民出版社，2002，第18页。

认真实施。据统计，1958 年一年（实际上只是后半年），全国就有 1140 万农村劳动力成为城市职工，城市人口比上年净增 2066 万人。……然而，就在举国上下都忙于大炼钢铁而赶超英美的时候，无人耕种、照料和收割的农业战线首先崩溃了。饥荒威胁着数千万农村人口的生命，靠国家定量供应粮食的城市人口也颇感生活艰难，刚刚打开的城门随即又关上了。1959 年 2 月，中共中央发出《关于制止农村劳动力流动的指示》。3 月 1 日，中共中央、国务院联合发出《关于制止农村劳动力盲目外流的紧急通知》。此时，中央决策者认为导致粮食严重短缺现象的原因是城市人口多而农村人口少，故 1961 年 1 月中共中央八届九中全会决定的"调整、巩固、充实、提高"八字方针以精简职工和减少城镇人口为主要措施，决定在三年内减少 2000 万城镇人口。于是，1958 年以来来自农村的新市民便成为主要的精简对象，他们被迫交出那本刚刚拿到手的宝贵的城市户籍簿后又回到了农村，另外一些"生产、工作暂不需用的职工"，也失去了城市户口簿和在城市生活的权利和待遇。1961～1963 年，全国共精简职工 1800 万人，压缩城市人口 2600 万人。①

　　1964 年 8 月，国务院批转了公安部《关于户口迁移政策规定（草案）》，要求对农村迁入城市的人口实行严格控制。1977 年 11 月，国务院又批转了《公安部关于处理户口迁移的规定》，该规定进一步强调要严格控制农村人口进入城镇，第一次正式提出严格控制"农转非"。② 按照当时的规定，全国每年只允许 1.5‰的持有农业户口的人转为非农业户口（即城市户口）。这里面包括一些因工作有成绩而被提拔进城的干部和干部家庭成员，一般农民绝无可能进入城市。这种政策一直实行到 1978 年改革开放以前。

　　以户籍制度为核心，包括住宅制度、粮食供应制度、副食品和燃料供应制度、生产资料供给制度、教育制度、医疗制度、婚姻制度等 14 种具体制度构成的制度体系，将整个社会切分成两大对立的板块：由市民组成的城市社会与由农民组成的农村社会。此时的户籍制度把城市和乡村分离开

---

① 俞德鹏：《城乡社会：从隔离走向开放——中国户籍制度与户籍法研究》，山东人民出版社，2002，第 29～30 页。
② 彭秀志：《户籍制度改革方略初探》，http://wenku.baidu.com/view/b45d062c647d27284b7351d9.html。

来。一方面，在农村把户口与土地相结合，同时配以农村人民公社制度，在人民公社内，农民没有择业的自由，没有独立自主的经营权，不能脱离公社组织，而且当时实行的"以粮为纲"的农业政策，使得千百万农民的中心任务就是搞粮食生产，脱离这个轨道就要受到批评和打击，通过土地的集体所有制进行集体生产和分配，实现对农民的集中管理，保证农民在农村的稳定；另一方面，在城市把户口与劳动就业和生活供应相结合，同时配以城市就业和保障制度，保证城市社会的稳定，并把农民排除在这一体制之外，限制城乡之间的人口流动。这些制度体系，使得社会成员的主体身份虚化，农民向市民转换的机会受阻，社会流动缓慢，城市化和现代化进程延缓。农民并不直接参与为自身生存而进行的生产，既不掌握生产资料，生活资料也与他们互分离。他们既不拥有资源，也无法决定自身的归属。① 就像有学者说的，中国 20 世纪 50 年代的初级社归并了农民的主要财产，高级社取消了土地和牲畜分红，人民公社实现了更普遍的公有化。② 农村家庭不再是一个独立的生产单位，农民必须参加集体的生产劳动以获得收入。为了维护公社的权威，家庭的生产活动经常被禁止，因为家庭的生产经营活动被认为是不利于维护人民公社的控制权的。比如在人民公社时期，尽管农民获得了自留地，但这些自留地经常被限制在很小的面积内，甚至对农民的家庭副业也做出了很多规定。③

　　这一时期，岭村的农民和全国其他地方的农民一样，也被牢牢地束缚在土地上，必须参加集体的生产劳动，非集体的生产活动被严格禁止，在意识形态上强调集体主义，个体经济的发展受到抑制。村民这样描述当时的情况：

　　　　生产队的时候落后得很，全社人均口粮才 150 斤，这个粮食只够吃半年，剩下的半年就要自己找，就是喂羊啊、喂鸡啊，但是养殖最多只能是三只，三只超过了就收走了。自己宰掉是不成的，被发现了

① 郑杭生、潘鸿雁：《社会转型期农民外出务工现象的社会学视野》，《探索与争鸣》2006年第1期。
② 杨善华、赵力涛：《中国农村社会转型中社区秩序的重建：制度背景下的"农户—社区"互动结构考察》，《社会学研究》1996年第5期。
③ 李培林、李强、马戎：《社会学与中国社会》，社会科学文献出版社，2008，第164页。

那是要找麻烦的。

这一时期村民出外打工、经商等活动也受到严格的控制，村民这样跟笔者说：

> 那个时候是给农业社交社钱打工，我们一个生产队，比方说出去打工一个、两个，也许是大队部同意、乡政府都同意了才发证呢，那会没有证你就不行，抓投机倒把啊，没有证明，自己私自去的会被抓。
>
> 当时出去要给生产队交钱，不能随便出去，一天差不多能挣两块钱，给生产队交一块，这样一直持续了30年，以后就开放了，开放以前就这样工作的。

二　改革开放以后的系列政策转变

一方面，人民公社集中生产的体制被家庭联产承包责任制所代替。家庭联产承包责任制就是在保留集体经济必要的统一经营的同时，集体将土地和其他生产资料长期承包给各农户使用，农民对土地仅有使用权而无所有权，农业生产变集体生产为分户经营，农民生产的作物，"保证国家的，留足集体的，剩下都是自己的"。家庭联产承包责任制使得家庭再不是自然经济条件下自给自足的小农家庭。国家让渡一部分资源配置权给家庭，依靠市场对资源进行调节。而家庭能够自由调度部分生产资源、自由分配家庭劳动力资源。家庭再不需要依靠服从来换取基本的生存资料，而是可以从市场上获得所需要的资源，其主体身份逐渐得到恢复，积极性和创造性得到极大调动。[①]

另一方面，户籍制度开始松动。1984年10月国务院发布了《关于农民进入集镇落户问题的通知》，允许务工、经商、办服务业的农民自理口粮到集镇落户，这是中国现行户籍制度改革的正式开端。小城镇户籍制度

[①] 郑杭生、潘鸿雁：《社会转型期农民外出务工现象的社会学视野》，《探索与争鸣》2006年第1期。

改革，及其配套的粮油制度、劳动力流动制度由计划配置向市场配置的转变，以及单位所有制多样性格局的形成，为农村劳动力的大量转移和流动提供了契机。① "1985年7月，公安部又颁布了《关于城镇人口管理的暂行规定》，'农转非'内部指标定在每年万分之二。同年9月，第六届全国人民代表大会常务委员会第二次会议通过了《中华人民共和国居民身份证条例》，建立了居民身份证制度。这是我们户籍制度的重大变革之一。"② 1997年，国务院批转了公安部《小城镇户籍管理制度改革试点方案和关于完善农村户籍管理制度的意见》，对于能够办理城镇常住户口的人员类型以及条件进行了详细规定。1998年7月，国务院批转了公安部《关于解决当前户口管理工作中几个突出问题的意见》，对于群众反映强烈的一些有关如何在城市落户的问题也进行了详细说明。2001年3月30日，国务院批转了公安部《关于推进小城镇户籍管理制度改革的意见》，对办理小城镇常住户口的人员，不再实行计划指标管理。③ 在这种背景下，农民被允许进城开店设坊，兴办一些为城市居民所需的服务业。起初国家对农民的放松还是有限度的，提出了所谓"离土不离乡"的政策，既允许农民离开农业生产而从事其他产业，但要求农民只能在家乡范围内就业，而不要流入大城市。但是，一旦放开了农民，就很难控制住了，农民实际上是既离土又离乡。在政策松动的背景下，我国农民，特别是青壮年农民，开始脱离农业劳动，转而从事其他多种职业。④ 国家统计局网站公布的2011年我国人口总量及结构变化情况显示，2011年，全国人户分离的（居住地和户口登记地所在乡镇街道不一致且离开户口登记地半年以上的）人口为2.71亿人，比上年增加977万人；其中，流动人口（人户分离人口中不包括市辖区内人户分离的人口）为2.30亿人，比上年增加828万人。

岭村的人口流动和国家的这一系列政策变化紧密相连，大规模的流动出现在改革开放以后，有不少村民的回答都印证了这一点。

---

① 潘鸿雁：《国家与家庭的互构——河北翟城村调查》，上海人民出版社，2008，第171页。
② 俞德鹏：《城乡社会：从隔离走向开放——中国户籍制度与户籍法研究》，山东人民出版社，2002，第35页。
③ 黄寅德：《我国农村留守儿童问题的公共政策研究》，硕士学位论文，兰州大学，2008，第17~18页。
④ 李强：《社会分层十讲》，社会科学文献出版社，2011，第318页。

我打工有二三十年了,(改革)开放就开始打工了。那时候不打工也许我们这里的生活就推不上(注:日子过不下去,不好过的意思),光我们这里的洋芋、苞谷面吃了根本吃不饱。

我们村从过去到现在发展大得很,现在就是想出去挣钱就出去挣,政策开放了,公家不反对,你只要脑子好想挣多少就挣多少。

就是在这样的背景下,岭村的村民逐渐加入轰轰烈烈的进城大军中,开启了他们在城市的"漂浮"之旅。

| 第三章 |

岭村：现实

　　岭村所在的 Q 乡，处于东乡县城北部。新中国成立前，境内小道蜿蜒崎岖。现如今，国道 213 线横穿而过，临（临夏）—刘（刘家峡）公路和临（临夏）—唐（唐汪川）公路贯穿全境，交通比较方便。但是从岭村往外辐射的交通并不发达，到 Q 乡只有一条弯弯曲曲的羊肠小道，旁边就是深沟大山，一有什么自然灾害就会影响村民通行。我们调查的时候，就遇到了一次山体滑坡事件，黄土把道路堵死了，人可以过，但没办法通车。然而即使这样，仍然阻止不了村民们对外面世界的向往和努力从外面世界寻求更多生存与发展机会的决心。兰州市作为甘肃省的省会，距东乡县城只有 104 公里，其重要的地理位置、突出的区位优势与发达的经济文化，吸引了大量东乡族流动人口，同时也吸引着岭村的人，成为其主要流入地。

　　岭村之所以会出现大量的流动人口，有其自身的原因，这涉及它的人口、经济、教育等各方面的因素，我们只有了解了这些因素在促成岭村流动人口方面所起的作用，才能更好地理解今天岭村所形成的人口流动的现状和结构特征。

第一节　岭村的人口增长

　　新中国成立后，岭村以及东乡族整体人口长期快速发展，近年来增长幅度和速度才逐渐放缓。我们根据历次全国人口普查的数据，对东乡族、全国少数民族和全国总人口的增长幅度和增长速度进行比较，便可以看出东乡族人口快速增长的特征（见表 3-1）。

　　从表 3-1 中我们可以看出东乡族人口变化的四个阶段。第一个阶段为

1953 ~ 1964 年, 东乡族的人口出现负增长。第二个阶段为 1964 ~ 1990 年, 东乡族的人口出现大规模增长, 虽然和全国少数民族相比, 其增长幅度差异并不是很大, 但已经远远高于全国总人口的增长。第三个阶段为 1990 ~ 2000 年, 为持续增长阶段。其增长幅度远远高于全国少数民族人口的增长, 更是全国总人口增长幅度的数倍。第四个阶段为 2000 ~ 2010 年, 为平缓增长阶段。虽其自身增长速度大幅下降, 增长趋势渐缓, 但还是高于全国少数民族和全国总人口的增长速度。

表 3 - 1　全国历次人口普查东乡族人口变化情况

单位: 人, %

	第一次全国人口普查 (1953 年)		第二次全国人口普查 (1964 年)		第三次全国人口普查 (1982 年)		第四次全国人口普查 (1990 年)		第五次全国人口普查 (2000 年)		第六次全国人口普查 (2010 年)	
	人口数	增长率	人口数	增长率	人口数	增长率	人口数	增长率	人口数	增长率	人口数	增长率
东乡族	155761		147443	-5.34	279523	89.58	373669	33.68	513805	37.51	551196	7.20
全国少数民族	35320360		39924036	13.03	67245090	68.43	91323090	35.81	105226114	15.22	113792211	6.92
全国总人口	577856141		691220104	19.62	1003913927	45.24	1130510638	12.61	1242612226	9.91	1225932641	5.74

资料来源: 田雪原:《中国民族人口》(二), 中国人口出版社, 2003, 第 375 页; 国家统计局人口和社会科技统计司、国家民族事务委员会经济发展司编《2000 年人口普查: 中国民族人口资料》, 民族出版社, 2003; 中华人民共和国国家统计局网站公布的六普数据: http://www.stats.gov.cn/tjsj/pcsj/rkpc/6rp/indexch.htm。

下面我们再来看看 Q 乡和岭村的人口变化情况 (见表 3 - 2、表 3 - 3)。

表 3 - 2　Q 乡人口统计资料

年份	户数 (户)	人口数 (人)	增长幅度 (%)	户均人口数 (人)
1975	1387	7136	—	5.14

续表

年份	户数（户）	人口数（人）	增长幅度（%）	户均人口数（人）
1980	1649	9141	28.10	5.54
1985	1971	10229	11.90	5.19
1990	2244	11767	15.04	5.24
1995	2332	12649	7.50	5.42
1999	2379	13516	6.85	5.68

资料来源：东乡族自治县统计局编《东乡五十年（1950—2000）》，甘肃省统计局，2000，第141~186页。

表 3-3　岭村和 Q 乡 2000~2011 年度人口统计资料

年份	岭村户数（户）	岭村人口数（人）	岭村人口自然增长率（‰）	岭村户均人口数（人）	Q乡户数（户）	Q乡人口数（人）	Q乡人口自然增长率（‰）	Q乡户均人口数（人）
2000	168	638	9	3.80	2513	13670	10	5.44
2001	168	640	9	3.81	2523	13720	8	5.44
2002	168	805	8	4.79	2528	13735	7	5.43
2003	168	810	6	4.82	2531	13808	5	5.46
2004	168	897	8	5.34	2533	13962	7	5.51
2005	184	922	6	5.01	2604	14125	6	5.42
2006	186	952	6	5.12	2655	14339	5	5.40
2007	187	969	6	5.18	2695	14549	5	5.40
2008	187	990	4	5.29	2712	14816	5	5.46
2009	189	991	4	5.24	2742	15178	5	5.54
2010	189	1009	8	5.34	2752	15165	10	5.51
2011	189	1032	8	5.46	2752	15187	10	5.52

　　从统计数字来看，在 12 年的时间内，岭村的人口和 Q 乡的人口都大幅上涨。岭村人口增加了 61.8%，同一时期 Q 乡的人口增加了 11.1%，岭村人口增长的幅度远远大于 Q 乡整体的人口增长幅度。《中国统计年鉴2011》的数据显示，中国人口在 2010 年的自然增长率为 4.79‰，岭村和Q 乡人口的自然增长率都远远高于国家总体人口的增长速度。

整个东乡族人口以及岭村的人口之所以会出现上述的增长态势，主要有两方面的原因。一是由于受中国传统儒家文化和宗教习俗的影响，东乡族有早婚和多育的习俗，并且"重男轻女"观念严重。男的一般15岁左右，女的一般13岁左右便结婚。在我们的调查和访谈中也发现，东乡族女性的初婚年龄大都在15～18岁，男性一般在18～20岁，而且过去大部分人都是在7～8岁就定好了娃娃亲。东乡地区多贫瘠山地，耕地既少又分散，多为坡度较陡的梯田，干旱少雨，基本上是靠天吃饭。恶劣的自然生态条件对劳动力的数量和质量都提出了更高的要求，因此，这也决定了东乡族社会人们的多子偏好和喜子偏好。"有女无儿不甘心，有儿无女不称心，一男一女不放心，三男两女才顺心"是大部分东乡人到现在为止还奉行的生育观念。二是国家宽松的人口政策。东乡县在1973年实行计划生育政策，提倡"晚、稀、少"。晚，即提倡晚婚；稀，即生第二个孩子要间隔4年以上；少，即一对夫妇只生两个孩子。现在的政策是允许生两胎，其间要间隔4年，但是如果前两个都是女儿，在生完第二个女儿4年后，还可以生第三胎。国家对自愿少生育的夫妇，有奖励政策，比如"少生快富"政策。对于符合国家计划生育政策，生育一孩或稀少民族生育两孩，自愿放弃再生育指标并采取相应节育措施的育龄妇女按以下标准予以奖励：①对于自愿领取"独生子女光荣父母证"并采取长效节育措施的一女户一次性给予不低于5000元的奖励；②对于自愿领取"独生子女光荣父母证"并采取长效节育措施的少数民族一男户一次性给予不低于4000元的奖励；③对于符合三孩生育政策的少数民族两女户，自愿放弃一个生育指标，并采取永久性节育措施的夫妇一次性奖励4000元现金；④对于符合三孩生育政策的稀少民族的两男户和一男一女户，自愿放弃一个生育指标，并采取永久性节育措施的夫妇一次性奖励3000元现金。[①] 在岭村，大部分家庭都是接受的一次性给予3000元的奖励，而那些没有儿子的家庭，则多是三女户，甚或是四女户。这些都是造成东乡族和岭村人口快速增长的原因。

人口的大量增加，对以传统农业为主要生产生活方式的东乡族来说，造成了人均占有资源量的大幅下降，尤其是最重要的土地资源越来越紧

---

① 杨思远：《咀头村调查（东乡族）》，中国经济出版社，2010，第36页。

张，人地矛盾突出。新中国成立初期东乡县人均耕地 3.8 亩，1982 年降为 1.9 亩，2006 年降为 1.4 亩，2008 年进一步降为 1.37 亩。2008 年全县"人口密度为 184 人/平方公里，是联合国粮农组织测算同类型地区土地承载人口临界线的 9 倍"①。据村委会的马书记回忆，岭村 1978 年实行家庭联产承包责任制的时候，六个社的标准是不一样的，他所在的社有 80 口人，所以人均就分到了 3.3 亩的地，而其他社因为人口比较多，分得的地自然就比较少。有的是人均 2 亩，大多数社都是人均只有 1.5 ~ 1.6 亩。2011 年岭村共有 1566 亩耕地，1032 人，人均耕地只有 1.52 亩。

对于那些承包时家庭人口少，而后来男孩增多的家庭，随着子孙们结婚生子，家里人口不断增加，人均占有土地更是大幅缩水。比如 YZY 家原有承包地 20 亩，兄弟 5 人各自成家后，每家分得 4 亩，而他自己的家庭现有 6 口人，人均只有 0.67 亩地，在这样狭小、干旱而又贫瘠的土地上经营农业，连一家人的基本口粮需求都满足不了。当笔者问到 YHB 家的收入构成时，也得到了相似的回答。

> 问：您家的收入是以务农为主还是以打工为主？
>
> 答：当然以打工的收入为主，庄稼的收入连自己的肚子都填不饱。

人口的快速增长造成了东乡县出现大量农业剩余劳动人口。发展经济学认为，农业剩余劳动力是潜在的失业者。这些剩余劳动力如果不能及时转移，就会产生几方面后果：一是拥挤在有限的土地上，导致剩余农产品进入市场的份额增长缓慢，农副产品商品率低，自给和半自给经济在农业部门中所占比重很大；二是由于土地日益减少，剩余劳动力的劳动投入所产生的边际生产率势必递减，因此，农业劳动者的收入也会很低；三是大量剩余劳动力拥挤在土地上，使得农业的技术改造受阻，新的生产要素不能投入农业，从而阻碍农业向集约化方向发展。② 这些问题同样也成为制约岭村经济发展的主要原因。

---

① 杨思远：《咀头村调查（东乡族）》，中国经济出版社，2010，第 37 页。
② 刘建利：《东乡族人口特征对其经济发展的影响》，《西北人口》2010 年第 6 期。

第二节 岭村的经济生活

一 农业

东乡族自治县是个典型的农业县，全县 27 万农民拥有 36.7 万亩耕地，人均耕地不足 1.4 亩。在总量不足的耕地中，山地旱地占 87% 的比例，达到 31.97 万亩，而川塬地不足 5 万亩，仅占耕地的 13%。也就是说，旱涝保收的耕地仅占耕地总面积的 1/8，而近九成的耕地收成要"看天吃饭"。2011 年在全县 287161 人的总人口中，农业人口为 276492 人，占总人口的 96.28%。全县总产值为 97875 万元，其中农业总产值为 56611.68 万元，工业总产值为 35615.00 万元，农业总产值远远高于工业总产值。东乡县的农业以种植业为主，主要种植小麦、玉米、洋芋等，也有少量的油料、蔬菜、水果等经济作物。

岭村是典型的以种植粮食为主的农业村，村民不种植蔬菜瓜果和任何的经济作物，也不造林进行木材生产。当然，现代化的工厂在这里更是无从寻觅。2011 年全村耕地面积 1566 亩，全部为山旱地，没有灌溉设施，为雨养农业，靠天吃饭。差不多 10 年前的时候，村里还种有 40 亩的油料作物，以后逐渐递减，到 2008 年的时候就全部消失。村里少量的果木也大都长在田间地头或农户自家院内，果实只自己食用，没人拿出去卖。村里几乎家家户户都养家畜，其中以羊、牛、鸡和驴居多，但养家畜只能算作副业。岭村人养驴主要是将其作为运输工具，用来驮运农用物资、农产品、水等。在播种时节向地里运粪、肥料等，而在收获季节则把小麦、玉米、洋芋拉回来。村里很少有人买拖拉机、农用三轮车之类的运输工具，一来是因为价钱昂贵，大多数人家买不起，二来是因为岭村的道路状况非常差，耕地又全部是山地，农用车根本发挥不了作用。我们调查的时间刚好是岭村小麦成熟的时期，所以不时会看到农民用驴把麦子从地里运回家里的情景。岭村的村民养羊、牛等一来是为了直接取得货币收入。因为岭村的农业属于自给性农业，农产品的产量本来就少，很多家庭连基本的口粮都满足不了，更不用说把农产品转换成商品而获取利润，而且由于农产品的价格偏低，村民的农业收入非常少，根本无法满足人们的生产和生活消费。因此，村民通过养羊和养牛来增加收入，在岭村这种情况非常普遍，而且养羊的更多，2011 年全村的羊存栏数是 1717 只，而牛存栏只有 17 头。这和杨思远教授等对东乡县咀头村的调查情况非常相似。因为羊生长快，羊羔养上两三个月就可以出栏，现在肉价不断上涨，一只羊能卖 300 ~ 400 元。如果是自家羊下的羔子，出去卖钱，能净挣 200 多元；如果是买的羔子，每只羊能挣 100 多元。由于东乡人过节、家中盖房、请人帮忙、来贵客、办喜事等都要宰羊，所以卖羊不分季节，羊更容易出手。相比之下，牛的饲养期长，一般要养两年才能到市场上去卖，由于牛价高，一头牛少说要四五千元，牛市交易的季节性也强，所以牛不如羊变现灵活方便。① 村民们养羊、鸡等的另一个目的就是自家食用。在每年古尔邦节、家里有婚丧嫁娶的时候，条件好的家庭就宰羊宰鸡宴请宾客。不过这只占很少一部分，大部分人家养羊还是为了增加现金收入。

阻碍岭村农业发展最严重的问题是水源的极度短缺。降水量少、蒸发量大使得这个地区异常干旱，没有充分水源灌溉的农作物的产量和质量都得不到保证。清明节前是否下场透墒雨，4 月上旬到中旬能否下场安苗雨，5 月中旬到 6 月能否下两场透雨，这些成为小麦收成好坏的关键。6 月能否下场及时雨，是洋芋产量高低的关键。② 笔者 2012 年暑假调研的时候，正赶上大旱天气，山沟里全是光秃秃的黄土，连草都没长几棵，更别说庄稼了。等 2013 年再去的时候，就又是另一番光景了，充足的雨水，带来了庄稼的小丰收。马书记笑着对笔者说："今年的玉米亩产少说也上千斤了，洋芋有 2000 斤，麦子也有 500 斤，而以前小麦一亩地大概也就 200 ~ 300 斤。"新中国成立后，东乡县对水利事业加大了投入，在很大程度上解决了群众的用水问题，岭村人的用水也得到了一定的改善。前些年在国际慈善机构和政府的帮助下，村民家家修建了集雨水窖。截至 2011 年，全村自来水入户率也达到了 77%。但是，吃水对村民来说，还是一个大问题。因为自来水每年就集中供水两个月，其他月份还要靠雨水生活。村民 YCS 的回答很能看出来喝水难的问题。

---

① 杨思远：《咀头村调查（东乡族）》，中国经济出版社，2010，第 54 页。
② 杨思远：《咀头村调查（东乡族）》，中国经济出版社，2010，第 67 页。

问：您觉得从 1978 年到现在变化大么？

答：变化大着呢，现在我们这里开放后吃得饱呢，以前吃不饱。

问：您觉得这是最大的变化吗？

答：对对，以前实在是吃不饱。

问：其他方面呢？

答：其他都差不多了。

问：那您觉得条件方面呢？

答：喝水好多了，以前没水喝，现在隔一段时间会放水的。

问：现在自来水还是按时间供应的？

答：对，一年就集中来两个月，平时还是要去拉水，我们家 1200 元买个大桶就为了拉水。

问：总的来说还是缺水是吗？

答：是的，就是缺水，水少的麻雀都飞不出去，以前还喝泉水，泉水有味道，苦的有沙子。

人吃水尚且如此艰难，更遑论农业灌溉了。

二 贫困状况

无论是东乡族整体、东乡县还是岭村，如何摆脱贫苦处境一直以来都是民族和地区发展的首要问题。"陇中苦瘠甲天下，东乡苦瘠甲陇中"，一苦（生活环境艰苦）、二穷（县穷、民穷）、三缺（缺资源、缺资金、缺人才）是东乡的基本特征。[①] 从 1983 年开始，东乡县被列为甘肃中部"两西"建设干旱贫困县之后，国家为帮扶东乡下拨了大量资金，扶贫资金来源逐渐增多。20 世纪 80 年代时，用于东乡扶贫的资金多源于"两西专项"。到了 21 世纪初，其资金来源就由原来的 1 处增加到 6 处，分别是：（1）"两西专项"；（2）"财政发展资金"；（3）"信贷扶贫专项"；（4）"两州一地基金"；（5）"以工代赈"；（6）"新增财政"。[②] 截至 2000 年，这 6 处扶贫资金来源共计投入扶贫资金 2.0583 亿元。其中，前 10 年平均每年

---

① 杨思远：《咀头村调查（东乡族）》，中国经济出版社，2010，第 1 页。
② 张嘉选：《穿越时空——东乡 60 年发展的多重审视》，人民出版社，2010，第 207 页。

投入 489 万元，后 7 年平均每年投入 2240 万元。[1]《东乡族自治县七年扶贫攻坚规划（1994—2000）》表明，1993 年底，全县还有 2.07 万户、12.08 万人口年收入在 300 元以下，贫困面为 52.8%，比全省平均水平高 22 个百分点，比全州平均水平高 10 个百分点。特别是山区的 22 个特困乡，贫困面高达 58.2%。2001 年东乡县被国家确定为国家扶贫开发工作重点县，24 个乡镇被确定为扶贫开发重点乡镇，192 个村被确定为扶贫开发重点村，16.94 万人被界定为贫困人口。2001～2008 年，东乡县累计投入扶贫资金 1.08 亿元，累计实施整村推进项目 80 个，使项目村的行路难、吃水难、住房难、上学难、看病难、增收难等问题得到有效解决，项目村面貌发生了较大变化。按照《中国农村扶贫开发纲要（2001—2010 年）》和《甘肃省 2001—2010 年农村扶贫开发纲要》[2]，东乡县重点组织了产业开发、劳务输出和移民安置、科技扶贫等产业化项目，有力地推进了农民增收。在 2001～2008 年，扶贫工作取得了相当大的成效，解决了 6.42 万人的温饱，农民年人均纯收入由 2001 年的 779 元增加到了 2008 年的 1419 元，增加了 82.2%，人均占有粮食由 2001 年的 155.8 公斤，增加到 2008 年的 229.2 公斤，增长了 47.1%。[3] 虽然扶贫工作成效显著，但到 2009 年，全县仍有 34.1% 的贫困人口。2011 年全县的财政收入为 6005 万元，而财政支出却达到 171651 万元。

岭村是一个典型的贫困村，2011 年农民人均年纯收入只有 1596 元，全村共有 6 个社，188 户，1032 人，却有低保户家庭 101 户，低保人口 394 人，占总户数的 53.72%，总人口的 38.18%。新中国成立 60 多年，改革开放 30 多年，岭村还有一半以上的家庭处于贫困状态，这不得不引起我们的深思。

通过比较岭村、Q 乡、东乡县以及全国农民的人均年纯收入水平，我们就可以看到岭村、Q 乡和东乡县农民的人均年纯收入远远低于全国农民的平均水平（见表 3-4）。

通过计算岭村、东乡县农民人均年纯收入占全国农民人均年纯收入的比例，我们可以更清楚地看到岭村和东乡县农民的贫困程度（见表 3-5）。

---

① 妥进荣：《东乡族经济社会发展研究》，甘肃人民出版社，2000，第 57 页。
② 樊杯玉、鲜力群主编《农村贫困监测实务与贫困问题研究》，甘肃人民出版社，2007。
③ 杨思远：《咀头村调查（东乡族）》，中国经济出版社，2010，第 42～43 页。

表 3-4　岭村、Q 乡、东乡县以及全国农民的人均年纯收入

单位：元

	2000 年	2001 年	2002 年	2003 年	2004 年	2005 年
岭村	725.0	810.0	723.0	900.0	990.0	966.5
Q 乡	659.0	671.0	687.0	778.5	844.6	915.6
东乡县	—	779.0	873.7	—	—	—
全国	2253.4	2366.4	2476.0	2622.0	2936.4	3254.9
	2006 年	2007 年	2008 年	2009 年	2010 年	2011 年
岭村	1100.0	1024.3	1234.0	1347.0	1536.0	1596.0
Q 乡	1010.6	1012.7	1176.0	1339.4	1527.0	1756.0
东乡县	1123.0	1209.0	1419.0	1602.0	1814.0	2062.0
全国	3587.0	4140.4	4761.0	5153.2	5919.0	6977.0

　　资料来源：根据 Q 乡政府各年度主要社会经济指标统计资料、东乡族自治县统计局社会和国民经济统计资料以及国家统计局各年度统计年鉴整理。

表 3-5　岭村、东乡县农民人均年纯收入占全国农民人均年纯收入的比例

单位：%

	2000 年	2001 年	2002 年	2003 年	2004 年	2005 年
岭村	32.17	34.23	29.20	34.32	33.71	29.69
东乡县	—	32.92	35.26	—	—	—
	2006 年	2007 年	2008 年	2009 年	2010 年	2011 年
岭村	30.67	24.74	25.92	26.14	25.95	22.88
东乡县	31.31	29.20	29.76	31.09	30.65	29.55

　　资料来源：根据 Q 乡政府各年度主要社会经济指标统计资料、东乡族自治县统计局社会和国民经济统计资料以及国家统计局各年度统计年鉴整理。

　　从表 3-5 中我们可以看到，近 12 年来，无论是东乡县还是岭村农民的人均年纯收入基本徘徊于全国水平的 1/3，而且岭村的农民人均年纯收入在大部分年份尚不足全国水平的 1/3。

第三节　岭村的教育

　　岭村村民基本为信仰伊斯兰教的东乡族人，东乡族的教育结构中包括

两个组成部分，一部分为伊斯兰教的经堂教育，一部分为政府提供的正式学校教育。

经堂教育是每个穆斯林都应该接受的基本宗教教育。在东乡县各地稍大一些的清真寺中都设有经堂，村民们普遍称其为"学堂"。岭村一共有6个社，也有6座清真寺。一社的成员一般只去本社的清真寺学习和念经，只有每周主麻的时间会去Q乡的大清真寺，当然这也仅限于信仰同一教派的穆斯林。村里的小孩通常会在寒暑假的时候进本社的清真寺学习。女孩到了9岁之后，就不能再去清真寺听阿訇讲经了，她们获取宗教知识的主要途径就是依靠家庭中的男性成员，如父亲以及自己将来的丈夫。今天这种状况已经有所好转，H社就在5年前由清真寺的学东倡议，举办了自己的妇女学习班。她们的老师就是社里年龄小的女孩，这些孩子先跟着阿訇学，学得好的再教给其他人。妇女班在农忙的时候休息，农闲的时候从早上九点到中午十二点都会召集大家在一起学习。

据《东乡族自治县志》记载："与其他生活条件相同的地区相比，东乡文化教育水平差距悬殊。从1982年人口普查数据中每万人拥有各种文化程度的人数来看，东乡大大低于全省平均水平：大学生全省约为55人，东乡仅有7.7人；高中生全省625人，东乡为139人；初中生全省1220人，东乡305人；小学生全省2771人，东乡782人；适龄儿童入学率56.23%，大大低于全省水平。文盲及半文盲全省约为3489人，东乡为7435人。文盲中女性高于男性，山区高于川区，民族聚居区高于民族杂居区，在全省81个县中，文盲率最高，达58.19%。自治县境内东乡族的文化教育水平又比境内其他民族（如汉、回等）低。东乡族人口占全县人口的70%，学龄儿童入学率为40%左右，女学龄儿童更低，仅14.2%（1981年）。"①（见表3-6）

2000年第五次全国人口普查资料显示，东乡族15岁及以上人口有34.23万人，在15岁及以上的人口中，文盲人口有21.53万人，文盲人口比例为62.90%，其中男性成人文盲率为50.21%，女性成人文盲率为75.94%。与1990年相比，文盲人口减少了1.79万人，文盲率下降了19.75

---

① 东乡族自治县地方史志编纂委员会编《东乡族自治县志》，甘肃文化出版社，1996，第95~96页。

表 3-6　东乡族自治县人口文化水平地区差异情况

（表中数据为 1982 年人口普查数据）

地区	每千人拥有小学及以上文化程度的人口（人）					文盲率（%）		
	合计	大学	高中	初中	小学	平均	男	女
东乡县	123.7	0.8	13.9	30.8	78.2	84.7	75.5	93.2
山区	74.8	0.8	9.4	19.6	45.0	90.4	83.7	97.1
川区	269.1	0.7	26.9	62.8	178.7	68.6	54.5	82.4
民族乡	50.5	0.2	4.2	12.6	33.5	93.1	87.2	99.1
一般乡	252.2	15.0	28.7	58.5	150.0	72.3	60.2	84.3

资料来源：东乡族自治县地方史志编纂委员会编《东乡族自治县志》，甘肃文化出版社，1996，第 96 页。

个百分点。东乡族 6 岁及以上人口有 45.62 万人，其中，受过小学以上（含小学）教育的占 38.32%，受过初中以上（含初中）教育的占 8.42%，受过高中及中专以上教育的占 2.42%，受过大专、大学教育的占 0.36%。[1] 从 2010 年第六次全国人口普查的数据来看，东乡族的教育已经取得了大幅进步。据统计，东乡族 6 岁及以上人口共有 551196 人，文盲人口有 97262 人，文盲人口比例为 17.65%，其中男性文盲率为 37.26%，女性文盲率为 62.74%，受过小学教育的占 64.83%，受过初中教育的占 12.42%，受过高中和大学专科教育的占 4.4%，受过大学本科和研究生教育的占 0.7%。从东乡县教育局提供的资料也可以看出东乡族教育事业取得的成绩。2011 年，东乡县 7~12 周岁适龄儿童总数为 29020 人，已入学 29020 人，入学率达 100%，其中女童 13631 人，已入学 13631 人，入学率 100%；13~15 周岁适龄少年总数为 16018 人，初中阶段在校生 15714 人，入学率 98.1%，其中女少年 7464 人，初中阶段在校女生 7286 人，入学率 97.6%；全县上学年初小学毕业班学生共有 4888 人，学年末实际毕业 4878 人，毕业率为 99.8%；全县上学年初初中毕业班学生共有 4758 人，学年末实际毕业 4752 人，毕业率为 99.9%[2]（见表 3-7）。

---

[1]　杨思远：《咀头村调查（东乡族）》，中国经济出版社，2010，第 47 页。

[2]　中共东乡县委、东乡县人民政府：《东乡县"两基"迎国检工作汇报材料》，2011 年 9 月 9 日。

表 3-7 岭村、Q 乡适龄儿童入学率

单位:%

	2001 年	2002 年	2003 年	2004 年	2005 年	2006 年
岭村	90.0	96.0	90.0	98.0	97.2	95.0
Q 乡	90.0	97.0	96.0	98.2	95.3	94.0
	2007 年	2008 年	2009 年	2010 年	2011 年	
岭村	95.4	96.8	96.8	97.0	97.0	
Q 乡	97.4	97.1	97.1	98.5	98.5	

资料来源:Q 乡政府历年主要社会经济指标统计表。

然而,数据只能说明一部分事实,我们在调查中发现的一些情况却不容乐观,岭村村民接受现代教育的程度普遍偏低,四五十岁的村民大多没上过学,或者只上过一两年小学,就连十几、二十多岁的年轻人也有很多人连小学都没念完。从我们收集的 51 份问卷来看,35 人为文盲,14 人上过小学,只有 2 人是初中文化程度。

以前上学要交学费,家里穷上不起学,很多人不读书的情况是可以理解的,现在国家不仅免费实行九年义务教育,不收学费,还有各种各样的优惠政策,为什么村里还有那么多孩子不上学?他们普遍认为是由学校教育质量太低、师资力量欠缺造成的。村里的马老师说:

> 岭村由于地理位置偏僻,一方面上头关注的少,投入的也少,另一方面吸引不来老师,没有正式老师,只有两个临时工,就是来了也不教学,就是睡大觉,老师教得不好,自然也就影响学生学的积极性和效果。

因此,马老师认为,Q 乡的学校和别的学校教育都有发展,只有岭村这几年没有发展。当笔者问到 YHB 为什么小学只上了两个月就不上了时,他说:

> 我们小时候我们这的学校又远,老师又不好好教,学生上学的时候老师就睡觉,就不管你干什么了。

他家大女儿原是被送到外婆家去上小学的，现在上到三年级也不去了。

问：为什么要把她送到姥姥家去呢？

答：因为她姥姥家离学校要近一些，所以就让她在姥姥家学习几年，后来她回来就不愿意上了。

问：您对孩子接受教育怎么看？她们不上学您不着急吗？或者说您没什么想法吗？

答：着急有啥用啊，在我们这个地方学校又不好好教，去了还是闲着。

据笔者分析，除了这方面的原因之外，"读书无用论"的思想也部分阻碍了东乡族对正式教育制度的承认和接受。祖祖辈辈留下来的传统农业生产方式和出卖简单劳动力获取收入的途径已经根深蒂固，每个家庭都是希望自己的家庭成员尽早外出打工，获得经济收入，用于改善生活，认为只有这样才更为实际。而且现在很多出名的东乡族商人都是文盲或者连小学都没毕业，他们的成功似乎又支持了"读书无用"的思想。再加之近些年就业形势如此严峻，更是使他们认为读书还不如直接挣钱来得经济实惠。所以，客观现实困境影响了学校的硬件，也影响了他们对待教育的态度，诸多客观主观因素导致了他们即使流动在外，也多从事的是技术含量低的简单体力工作。

第四节　岭村的人口流动

东乡地区绝大部分地方自然条件很差，"联合国教科文组织的考察结果表明：这里的自然条件不适合人类生存，最多能养活 2 万多人"[1]。早在清代、民国时期，东乡县的东乡族人为了逃避灾荒和躲避战乱就开始了迁徙，范围主要在今临夏州境内，主要迁往康乐、广河、和政、临夏、积石山县等地。新中国成立以后，从 20 世纪 50 年代开始，东乡族人自发地向新疆迁徙，持续时间比较长，规模比较大。"1950 年后，东乡族群众……

---

[1] 马志勇：《东乡史话》，甘肃文化出版社，2006，第 57 页。

迁徙的方式主要以家庭为单位，举家迁出。到 60 年代初、中期，迁徙规模变大。到 70 年代，向新疆迁徙的人数逐渐减少。到 1985 年为止，零星迁徙尚未中断。这种自发的民族迁徙，是新中国成立以来各民族中少有的现象。"①岭村因为地理位置偏僻，自然条件恶劣，所以从古到今都是人口迁出，并没有人口迁入。

在这样的地方，一般群众单靠农业生产是根本不能维持生活的，因此，东乡族人很早就有出外打工、做生意的传统。据《一九八五年东乡族社会历史调查报告》所载：在鸦片战争以前，由于土地收获量极低，广大农民除了交纳租赋外，所剩无几，连半年糠菜半年粮的生活也达不到。因此，农民们多在农闲时出外当小贩、挑担子、当脚户，以弥补生活的不足。②东乡县劳务办的马主任如是说，东乡县和周边的广河等县一样，常年干旱，沟壑纵横，地少人多，且土地多比较贫瘠。在这种情况下，就地扶贫的难度很大，大量富余劳动力成了当地最大的资源之一。如今，劳务输出已经成为东乡县的支柱产业。2006 年全县输出劳务 6.9 万人（次），创劳务收入 1.3 亿元；2007 年全县输出劳务 7.5 万人（次），实现劳务收入 2.07 亿元；2008 年全县输出劳务 6.5 万人（次），实现劳务收出 2.5 亿元；③ 2011 年，全县共完成劳务培训 1.835 万人，其中引导性培训 1.5 万人，技能培训 3350 人；输转劳务 5.63 万人，其中组织输转 2.683 万人，自谋输转 2.942 万人，境外就业 50 人，实现劳务收入 2.86 亿元。而劳务输出也已经成为岭村的主要经济收入来源（另两项是种植和养羊）。这个村在 2011 年已输转劳务 320 人，大约占全村人口的 1/3，几乎平均每户有 1.7 个人常年在外，劳务创收已达 264 万元。

学术界经常用"推拉理论"来解释人口流动和移民现象，该理论认为，人口迁移和移民搬迁的主要原因在于人们希望通过搬迁改善生活条件。于是，流出地的不利条件就成为移民的推力，而流入地的美好生活憧憬就成为拉力。正是在这两种力量的共同作用下，人口迁移才得以发生。

---

① 东乡族自治县地方史志编纂委员会编《东乡族自治县志》，甘肃文化出版社，1996，第 98 页。
② 甘肃省编辑组《裕固族、东乡族、保安族社会历史调查》，甘肃民族出版社，1987，第 92 页。
③ 东乡县劳务办：《2008 年劳务工作亮点》，2008 年 11 月 25 日。

但是，现实情况的复杂之处在于，流入地和流出地可能同时存在拉力和推力作用，比如两地之间的文化差异就会对流动行为产生阻碍作用。① 李强通过调查发现，"在中国场景下，城市对外来工不仅仅是拉力，城市对这些外来民工的种种限制、歧视等也形成了不可小视的推力。同时，农村对于农民工的吸引力却十分弱小，因此，城市拉力和农村推力两种力量相权衡，还是农村中的推力所起的作用更大一些"②。具体到岭村的人口流动，似乎也是农村的推力作用更突出一些。在调查中我们发现，当问到村民的流动原因时，在他们的回答中会经常出现诸如"不够吃""过不下去"等这样的说辞。

农业是基本没有什么收入，麦子 2011 年打了 400 斤，洋芋才3000 多斤，就不够，全靠打工的，一个家里一年挣两万还不够用。

不出去打工的话收成再多也养不起，家里都不够吃的。

不打工我们这里的生活肯定过不下去嘛，光我们这里的洋芋、苞谷面吃了根本吃不饱。

从劳动力的流向上看，总的来讲，省内流动的多，跨省流动的少。《Q乡人口与计划生育流动人口统计表（2011 年 7 月）》显示，岭村的流动人口总数为 192 人，省内流动 159 人，占 82.8%，省外流动 33 人，占 17.2%。省内流动主要集中于兰州（124 人）、酒泉（25 人）和武威（10 人），省外流动主要集中于青海和新疆。这主要是因为，一方面，这些地区的文化具有相似性，为他们的生活提供了便利条件；另一方面，这些地区地处西部，文化教育相对落后，劳务市场上技术含量低的职业还存在一定的用工需求，这为他们的就业提供了可能的机会；还有一方面就是大部分人之所以会选择兰州市，主要是因为兰州距离家比较近，流动成本小，流动风险低，可以满足大部分人季节性流动的需求，农忙时节回家，农闲时节再出外找活，而且兰州作为省会城市，其突出的区位优势与发达的经济文化，

---

① 李强：《影响中国城乡流动人口的推力与拉力因素分析》，《中国社会科学》2003 年第1 期。

② 李强：《影响中国城乡流动人口的推力与拉力因素分析》，《中国社会科学》2003 年第1 期。

也对这些流动人口产生了巨大的吸引力。

从流动类型上来看，在改革开放以前，主要是单个人流动，规模不大，但到了 20 世纪 80 年代和 90 年代，人口迁移方式出现了规模化和组织化。当有人在城市里找到一些活儿或者找到做生意的门路时，便会叫上自己的亲戚、朋友一起去。

笔者问 YCS 大叔：

> 问：那您打工是有人带着么，还是自己出去闯的？
>
> 答：那肯定是人带着了，头一年我（对）兰州还不熟，是我哥哥带着过去的，我哥也是别人带过去的，都是这么过去的。

从劳动力的受教育程度来看，这些岭村出去的人员受教育程度普遍偏低。这种现状，使得他们和大多数的东乡族农村劳动力一样，在参与社会职业的竞争和事业拓展等方面明显处于劣势，他们一般只能选择技术含量低的"三 D"（Dangerous 危险、Difficult 辛苦、Dirty 脏）行业。据《Q 乡人口与计划生育流动人口统计表（2011 年 7 月）》显示，在兰州的 124 人中有 109 人从事建筑行业，15 人从事餐饮行业。目前岭村的人口流动形式以家庭中男性劳动力个人季节性流动为主，全家迁移常年在外流动为辅。在我们调查的 51 户家庭中，有 41 户家庭都是男性劳动力外出打工，妇女、老人和孩子留守在家，即我们所说的"半漂式流动家庭"；有 10 户家庭是全家迁移到兰州，生活重心转移到城市，这些就是我们所谓的"全漂式流动家庭"。从《岭村流出人口计划生育服务与管理登记册》来看，在兰州的"全漂式流动家庭"有 26 户，集中居住在兰州市七里河区和安宁区。

第四章

社区、家庭和人[*]

第一节 村落社区：多元力量的共同产物

一 社区情理

从现有的研究来看，对农民流动动机的分析和解释主要是从三个层次进行的。就社会层次而言，政治经济体制改革、城乡差距、农业效益差、农村剩余劳动力多、城市就业机会多等是主要的社会（制度）背景。如地区经济发展不平衡的结构因素导致了欠发达地区的农村人口流向发达地区。传统的农民迁移理论，如"推拉理论"、"二元经济理论"及泽林斯基的"流动转型理论"、托达罗的"城乡流动人口模型"、马布甘泽的"城乡迁移系统论"等，均侧重宏观社会（制度）及其变动对农民迁移的影响。每一个社会行动者，都是能动地利用这一背景，自主采取行动的。而且，实际上，行动者的行动也在不断地影响着其行动的背景。就家庭层次而言，现有研究则主要是解释为什么有的家庭有成员外出而另一些没有，农民迁移究竟是家庭对社会变迁的一种主动性适应策略还是一种被动选择。[①] 如新迁移经济学认为，是否流动的决定一般不是由独立个体单独做出的，而更可能是家庭或家户做出的。家庭的集体行动既是为了获取最大化的预期收入，也是为了使风险最小化，摆脱劳动力市场的各种束缚。家

---

[*] 本章内容发表于《西北民族研究》2013 年第 3 期、《民族论坛》2013 年第 5 期、《民族论坛》2015 年第 9 期。

[①] 潘鸿雁：《国家与家庭的互构——河北翟城村调查》，上海人民出版社，2008，第 37~38 页。

庭不像个体，它可以通过对诸如家庭劳动力等资源的多元化分配来控制家庭经济面临的风险，一些成员留在当地继续参与当地的经济活动，而其他的成员可以进入劳动力市场，获取更多的现金收入。也有类似的研究认为，农民家庭为了经济收入多元化和风险最小化，一般会选择部分成员外出，部分成员留守的方式。① 周伟文等人认为，农民家庭对流动方式的选择，既要考虑外出挣钱，又要保证家庭的正常生产生活，所以，大部分家庭选择了丈夫流动、妻子留守，从风险成本的角度来说，这应该是农民家庭的最佳选择。这种选择是出于以下几方面的考虑：第一是出于经济的考虑。既能保证挣外面的钱，又能保证家庭的原来的收入不受影响。第二是出于传统的"男主外，女主内"家庭分工模式的考虑。男人作为一家之主，认为到一个陌生的世界去打工挣钱，既有风险，又要吃苦，理所应当是男人的事情。第三是出于家庭需要的考虑。丈夫到外面打工挣钱，妻子需要在家照护老人和小孩，管理家庭副业和农田。第四是出于社会关系或社会资本优势的考虑。在一个家庭中，通常男性的文化程度比女性高，见世面的机会比女性多，社会关系多，社会交往能力强。因此，绝大多数家庭选择由男人外出打工是十分自然的事情。② 就个人层次而言，主要是解释为什么有些人迁移，而另一些人不迁移；有些类型的人比其他类型的人更容易迁移（如年轻、高文化程度、有冒险精神、有一技之长等）。这类研究属于迁移的选择性研究。至于迁移的选择性研究为什么会发生，人力资本理论对此的解释是：一个社区的所有居民，因其人口、社会、经济特质的不一，他们通过迁移来追求未来更高的社会、经济地位报酬的愿望不一，并且他们克服中间障碍的能力不一，因此，才形成迁移的选择性。运用人力资本理论，外出被看作人力资本的投资，这种投资的预期与人力资本的状况，如年龄、性别、受教育状况等是相关的。③

当然，也有学者将这三个层次综合起来考虑，如朱力认为：农民工的群体性流动从宏观上讲是被动的，是受社会宏观性因素制约的，如制度、政策、土地挤压、城市的需要等；而对农民家庭或个体来说，又是有选择

---

① 罗小锋：《制度变迁与家庭策略：流动家庭的形成》，《安徽农业大学学报》（社会科学版）2010 年第 6 期。

② 周伟文、严晓萍、刘中一：《生存在边缘：流动家庭》，河北人民出版社，2002，第 10 页。

③ 潘鸿雁：《国家与家庭的互构——河北翟城村调查》，上海人民出版社，2008，第 37 ~ 38 页。

性的，是主动的，是根据自己的利益、家庭情况、预期收入等因素决定的。① 袁亚愚则抛开了宏观与微观的主观因素之争，将农民的流动归结为客观的社会发展进程，认为决定农民社会流动方向的主要因素，既不是国家的意志，也不是流动农民的个人意愿，而是国家正在发生并不断变化着的社会经济发展的客观进程及其所造成的产业布局。②

　　总结以往学界对农民流动动机的研究，笔者发现，虽然对相关宏观背景和微观因素的关注甚多，但少有对介于宏观与微观之间的社区或区域"小社会"进行详细论述的。沈崇麟等人曾经在讨论影响城乡家庭制度变迁的因素时指出过区域文化（亚文化）的作用，他们认为，在一个相对封闭及文化落后的社区，一般由地区亚文化来决定这个社区多数人所认可的行为规范及一系列相关的价值观念，即使这些规范和观念与社会的一些正式制度、规范相悖或不适应，但是因为它符合当地人的伦理道德，所以依然在村民的生活中存在并发生作用。③ 后来，在《城乡家庭——市场经济与非农化背景下的变迁》一书中，杨善华、沈崇麟做了进一步论述，他们认为："这种由地区亚文化决定的某些为在该社区中生活的多数人所认可的行为规范及与此相适应的观念，就是所谓的'社区情理'。亚文化就是通过这样的方式发挥作用，从而影响农村社区中生活的人的观念和行为，进而影响他们的家庭和家庭关系。"④

　　岭村人口流动的现状和特点，既有宏观社会变迁的作用，又有家庭自身实际情况的具体考量，还有个人受教育状况、价值观、家庭地位的影响。但是，笔者以为，在这里，由宗教信仰和村落社区共同形塑的"社区情理"的作用不容忽视。对岭村的村民来说，最大的社区情理就是对女性外出就业权的限制和剥夺。村落中的人无一例外都是这样表示的："我们这儿的女人不能出去打工。"

　　当笔者问原因时，大部分人的回答和杨大叔差不多，"这就是我们这

① 朱力：《中国民工潮》，福建人民出版社，2002，第123页。
② 转引自潘鸿雁《国家与家庭的互构——河北翟城村调查》，上海人民出版社，2008，第38页。
③ 沈崇麟、杨善华、李东山：《世纪之交的城乡家庭》，中国社会科学出版社，1999，第106页。
④ 杨善华、沈崇麟：《城乡家庭——市场经济与非农化背景下的变迁》，浙江人民出版社，2000，第243页。

儿的规矩，女人是不可以出去打工的"。当笔者再追问"这儿"具体指的是哪些地方时，他们又都说不清楚了。也许这就是所谓的"传统文化的非正式制约"① 吧。"男主外，女主内"的分工模式在这个地方已经根深蒂固，对于绝大多数东乡族妇女来说，她们认为这是理所当然的，并且心安理得地接受，渐渐的，这似乎成了当地乡民约定俗成的规范，没有人想着要去违反它，甚至违反的人还会受到别人的嘲笑和讽刺。正如阿马蒂亚·森所言："这种禁止以隐含的方式通过风俗的力量实施着。有时候，甚至可能还不存在任何明确的不许妇女就业的禁令，但在传统机制观念中长大的妇女可能会非常害怕打破传统并引起别人激烈反对。"②

即使是在开放的城市社区中，大部分人还是依然延续了"男主外，女主内"的性别分工模式，只有小部分家庭由于受到生存压力的影响，被迫选择暂时脱离这种"传统文化的非正式制约"，允许女性外出打工。下面是两个表示可以接受女性打工的个案。

个案6：
问：那您老婆平常的业余活动都有哪些？
答：她也打工啊，这跟前打工的厂房多得很。
问：都做什么工作？
答：那不一样，有时候做那种烤箱炉子嘛，就是打零工。
问：我们在村里调查的时候不是说咱们那儿的妇女都不让出去打工吗？
答：我们老家的人就不让出去打工，我们在外面的人就再没管，打工，你要挣钱嘛，要不然日子在这里过不下去。家里坐着呢，她就不打工就在家里种庄稼，一般是不让出去我们那边。
个案10：
问：您对妇女出来打工有什么看法么？
答：没什么看法，我媳妇没什么文化也干不了什么。

① 张利洁：《东乡族贫困与反贫困问题研究》，博士学位论文，兰州大学西北少数民族研究中心，2003，第63页。
② 阿马蒂亚·森：《以自由看待发展》，任赜、于真等译，中国人民大学出版社，2002，第115页。

问：别的东乡族的妇女有出来打工的，您的看法呢？

答：出来打工可以。

问：村里小姑娘是不让出来的，是吗？

答：一般姑娘反正是很少出去。

问：这个是村里的规定还是约定俗成的？

答：约定俗成的。

问：那别的村也是这样么？

答：东乡基本上都一样。

在村落中形成的社区情理，使得大部分村民即使离开了他们生活的农村社区，也会自觉地去遵守"女性不能出外打工"的行为规范。同时，受岭村所处的地理位置、经济水平等因素的影响，"女性不能出外打工"这一在东乡地区具有一定普遍性的社区情理，在岭村得到了更严格的实践。

二　社区公共生活

这里的公共生活概念借鉴了夏国锋对其进行的概念界定：主要从村庄主体的社会交往角度来理解，注重在乡村场域中行动主体超出家庭范围的社会公共交流，既有面对面的交流与沟通形式，也有经济生产行为的互相帮助，更有基于公共利益的公共事务参与以及一些自主生成的集体行为和交往。[①]

从内容上来说，岭村的公共生活主要有政治性公共生活、宗教性公共生活以及宗族性公共生活（将在本章第二节"社区的家庭之间：弱化与强化同在"中进行详细论述）；从历史的变迁角度来说，岭村的公共生活大致可以分为两个基本阶段：新中国成立后至改革开放前与改革开放以后。

（一）新中国成立后至改革开放前

在这一历史阶段，岭村的公共生活深受国家各项运动和政策的影响，土地改革、农业合作化、人民公社等给这片土地留下了深深的印记，村庄生活的集体化、集中化是这一时期的主要特点。在集体化时期，村民的生

---

① 夏国锋：《村庄公共生活：历史变迁与外力形构——鲁西南夏村的个案考察》，《甘肃行政学院学报》2010 年第 5 期。

产与生活更是密不可分，村庄生活的公共性因村庄社会的集体化、公社化过程而表现得更加明显，村民的生产与生活表现出极高的一致性与同质性，从而形成特定时期特殊的村庄公共生活。① 政治性公共生活与集体化大生产是该时期岭村公共生活的主要内容。

在政治性公共生活方面，各种各样的会议成为村民必须参加的重要集体活动之一。"因为国家在农村进行新的制度安排，相应需要对农村的社会生活进行直接广泛的变革。变革的首要方式便是会议动员，因而各种政治性集会便成为当时村民公共生活重要内容之一。除了政治运动带来的各种全村性政治集会外，还有常规的社员大会，以解决各种日常的生产与分配等问题。"② 同时，通过各种会议，生产队还向村民们宣讲政治形势与国家政策，组织村民集中学习等。据村里的一位老师回忆，那个时候学校也基本没有什么课程。就算到了今天，在岭村村民的谈话中，仍然会经常出现"毛主席""共产党"等词语，足可见那段历史在村民心中留下的印记之深。

在农业生产经营活动方面，联合劳动在集体化之后取代了原有的农户劳动，生产队成为农业活动的组织基础，由生产队统一安排，全队成员集体出工。"这种社会化的生产不仅改变了原有的生产组织方式，也改变了村庄内部成员与成员之间的互动方式和互动频率，原有各家各户'各自为政'，现如今一切都要听指挥，昔日血缘和文化性的伦理共同体在生产队范围内为联系更紧密的经济生产共同体所替代。"③ 村委会的马书记告诉笔者，"当时全村只要满 16 岁的村民都要下地干活，要挣工分嘛，平常就是留一点口粮，到年底才分粮食，工分多就分得多，工分少就分得少，70%按工分分，30% 按人口分"。虽然也有少数人出外打工或从事其他副业，但都需要大队或乡政府开证明才能出去，而且要把挣的钱的大部分上交生产队。马书记举例说："比方你在外面挣上 1 块钱，有 7 毛就要交给生产队的，这样你才能换来工分，年底的时候才能分到粮食。"

---

① 夏国锋：《村庄公共生活：历史变迁与外力形构——鲁西南夏村的个案考察》，《甘肃行政学院学报》2010 年第 5 期。

② 夏国锋：《村庄公共生活：历史变迁与外力形构——鲁西南夏村的个案考察》，《甘肃行政学院学报》2010 年第 5 期。

③ 夏国锋：《村庄公共生活：历史变迁与外力形构——鲁西南夏村的个案考察》，《甘肃行政学院学报》2010 年第 5 期。

（二）改革开放以后

中国共产党十一届三中全会的召开，以及农村家庭联产承包责任制的全面推开，使得农村的面貌发生了极大改变。家庭联产承包责任制，其实质是土地使用权从集体向农民家庭的转让，土地仍归公有，只是把所有权、使用权和经营权相分离，把过去的集体经营改为家庭承包，主要形式就是"包干到户"。"包干到户"这种形式最大的优势就是"取消了生产队的统一核算与统一分配，使农民家庭掌握了自己劳动成果的分配权。使得承包土地的农民家庭有了生产资料，有了生产经营自主权和分配权，名副其实地成了组织生产的基本单位，取代了原来由生产队或生产大队执行的功能"[1]。岭村在1980年开始实行家庭联产承包责任制，此后，全社成员集体上阵的农业大生产局面不复存在，取而代之的是各农户自耕自种以及家伍之间、邻里之间因劳力不足而出现的换工现象并存的局面。

政治局面，在村一级实行的是村民自治制度，主要依靠村民民主选举组建村民委员会；而在乡镇一级，则是由国家正式的权力体制安排，将乡镇政府作为国家政权的末端正式组织。这种乡镇政权和村民委员会的结合，形成了当下有中国特色的农村基层的一种新型治理格局。即所谓"乡政村治"的格局。岭村在改革开放以后进行过两次政治选举：一次是1998年对村委会主任的选举，另一次是2004年对村支书的选举。对村委会主任的选举全村年满18周岁的公民全部参加了，对村支书的选举是村里23名党员作为全体村民的代表参加的。自此以后，岭村的政治性公共活动一直处于淡漠状态。现如今岭村是书记主任"一肩挑"，MJY从1988年被任命为村会计，到1998年当选村委会主任，再到2004年当选村党支部书记并兼村委会主任一职，这一干就是24年。在这24年中，随着国家政策的放宽，越来越多的村民进城务工或做生意，村中常年驻守的只有老弱妇孺，召开全体村民大会更是不可能。于是，村委会只能不定期地召集村里的党员、村干部开会，学习国家各项政策、法规、会议精神等，然后向村民传达。

在岭村还保留有东乡族吃平伙的传统饮食习俗。吃平伙，即建立在

---

[1] 杨善华：《改革以来中国农村家庭三十年——一个社会学的视角》，《江苏社会科学》2009年第2期。

公平原则基础之上合伙吃羊肉的饮食方式。可以是村民或亲朋好友的自由组合，也可以是同一家伍成员之间的联合。一般人数不等，但主要参与者为男性。"其整个过程大致分为：商议准备阶段、烹饪制作阶段、分配阶段、分食娱乐阶段这几个步骤。吃平伙，可以促进信息传播，调节人际关系。吃平伙，不在于'吃'而在于'谝'上。'拉干旦'几乎没有限制，大到评说国际局势，小到说道邻里长短。可以认识新朋友，也可以增进老朋友之间的感情。即便是邻里或朋友之间有了矛盾纠纷，平伙也是一种很好的解决办法，东乡族谚语说：'若要气散，共吃一顿饭；若要平和，吃顿平伙。'① 不过据马书记说，由于村里大多数男性都已外出打工，而且羊肉的价格又涨幅较大，因此，现如今村民一年中吃平伙的次数并不多。

第二节　社区的家庭之间：弱化与强化同在

东乡族多实行大家庭制，岭村也不例外，笔者根据当地人口登记册的资料，汇总成表 4-1 至表 4-4。

表 4-1　岭村家庭结构类型

单位：户，%

	核心家庭	主干家庭	联合家庭	其他家庭	总计
户数	62	79	32	7	180
百分比	34.4	43.9	17.8	3.9	100.0

表 4-2　岭村家庭户夫妻对数分布

单位：户，%

	0 对	1 对	2 对	3 对	4 对	总计
户数	3	82	71	20	4	180
百分比	1.7	45.6	39.4	11.1	2.2	100.0

---

① 马翔：《东乡族打平伙》，《中国民族》2009 年第 9 期。

表 4 – 3　岭村家庭户类别构成

单位：户，%

	1 代户	2 代户	3 代户	4 代户	总计
户数	2	78	96	4	180
百分比	1.1	43.3	53.4	2.2	100.0

表 4 – 4　岭村家庭户人口规模

单位：户，%

	1 人	2 人	3 人	4 人	5 人	6 人	7 人	8 人	9 人	10 人及以上	总计
户数	0	4	11	32	40	28	24	18	11	12	180
百分比	0.0	2.2	6.1	17.8	22.2	15.6	13.3	10.0	6.1	6.7	100.0

　　东乡族不仅家庭规模较大，而且形成了家族或宗族聚居的居住格局，即同一家族或宗族的人于同村或同社聚居，以血缘关系和地缘关系的结合为基础。东乡族一般把同一家族或宗族的人称为"家伍"，有"亲家伍"和"老（大）家伍"之分。"亲家伍"一般是同一祖父的直系后代，"老（大）家伍"一般为同一曾祖或太祖的后代。在岭村，最典型的就是 DH 社，全社 24 户家庭同属于一个大家伍。其他社虽不属于同一个家伍，但同一家伍的一定在同一社聚居。"这种具有共同血缘与地缘关系的宗族聚居形式，构成了东乡族宗法文化的一个基本载体。……共同的血缘关系构成宗族形成的核心和宗族内部的联系纽带，共同的地域则成为宗族生活的地理空间及其与外界联系的基地。只有建立在共同地域之上的宗族，才能开展共同的宗族活动，也才能加强宗族内部的联系与团结。"[1] 费孝通先生曾说过："血缘是稳定的力量。在稳定的社会中，地缘不过是血缘的投影，血缘和地缘的合一是社区的原始状态。"[2]

　　宗族是东乡族社会的基本单位，因其来源（族源）不同，后在历史发展过程中，每个宗族分化成不同的家族，家族又由不同的家庭组成，每个家庭又由众多家庭成员组成。其发展分化轨迹是：宗教→大家伍→小家伍

---

[1]　廖杨：《东乡族宗法文化论》，《民族研究》2002 年第 4 期。

[2]　费孝通：《乡土中国　生育制度》，北京大学出版社，1998，第 70 页。

（家族）→家庭→个人。家伍的宗法权力不小，亲家伍一般帮忙解决家庭纠纷、儿孙分家时的财产分配、婚丧嫁娶等事宜。亲家伍解决不了的，大家伍来办理。家伍的老人和长者地位较高，受人敬重。过去，如果一家要变卖土地、房屋等固定资产，须遵守从亲家伍→大家伍→外人的出售顺序，只有当亲家伍或大家伍中没有人买时，才能卖给别人。而卖给亲家伍和大家伍中的人时，售价会比卖给旁人的大大减少，价钱由大家伍的长辈们商定，卖者不能讨价还价。在家伍中辈分越高越富有的人，说话的分量就越重。①

东乡族的宗法文化特征不仅表现为宗族同村或同社的聚居，还表现为父器幼子与祖重长孙的继承传统。东乡族原来实行早婚，男 15 岁左右，女13 岁左右便结婚，儿子结婚五六年以后，便另打庄窠（院）与父母分居，儿子要分居时，父母要给儿子划分土地、财产、牲畜。最小的儿子一直留在父母身边，并为父母养老送终。父母亡故时的殡葬费由儿子们共同负担。幼子的继承权比其他儿子优厚一点，父母或者祖父母居住的老庄窠或是上房归幼子继承，这已成为东乡人不成文的规定，历来严格遵守。祖父则倚重长孙，在财产分配方面，长孙的地位几乎与儿子们一样，可分得与儿子们一样的一份财产。② 东乡族女子的地位较低，而且无财产继承权。

由于东乡族社会大多都是由这种由血缘关系和地缘关系的结合而形成的村落，因此，村民的亲族观念特别强，彼此之间拥有很强的认同感和凝聚力，在遇到农忙、大型宗教节日、红白事时，各家各户之间经常都会互助合作。比如在婚丧大事时，村里各家各户都会出人力帮忙；比如在修建房屋时，也会出现帮工互助；比如在耕种、收割庄稼、打碾场时同样存在换工互助。另外，还有一些临时性的协力合作，比如在寺里或某家办一些大型的宗教活动或庆祝开斋节、古尔邦节等节日时。

随着国家社会经济的发展，越来越多的岭村村民选择离开农村，进入城市去寻求更好的生活。村民的流动为岭村的宗族、家族活动以及彼此之间原有的互助协作关系的改变提供了契机。原有的家族关系出现分化，在涉及金钱借贷方面更加倚重亲家伍关系。当笔者问到"近 10 年中，您家

---

① 李忱:《甘肃民族研究论丛》，甘肃人民出版社，2002，第 308～309 页。
② 马自祥、马兆熙:《东乡族文化形态与古籍文存》，甘肃人民出版社，2000，第 79 页。

庭是否有因结婚、生重病、建房（装修房）等需要他人资助的事件？如果有资助，谁资助最多？"时，回答最多的是男方的兄弟和男方的父母；原有的在耕种、收割庄稼、打碾场时的换工互助现象逐渐减少，当被问到"在最近一年中，农忙期间谁给您帮助最多？"时，回答最多的依次是自己干、邻居、男方的兄弟；原有的在修建房屋时的帮工互助现象也因村中男性劳力的外出而减少，男方的兄弟和邻居成为帮工对象的主要来源。总的来说，在岭村，父系血缘关系的重要性依然延续，但大家伙的联系已经随着村民的流动越来越松散，出现弱化倾向，而亲家伙的联系则得到加强，变得更加紧密，更加全面化，以女性为中心建构的亲属关系以及现代化的市场雇佣关系在这里还处于萌芽阶段。

第三节　父权制镜像下的人：性别角色固化

女性主义者在分析社会性别关系时，多数采用"父权制"这个概念，来说明为什么在社会性别关系中，男性和女性的权力关系不平等，以及它们造成的男性统治和妇女被剥削和压制的后果。[1] 韦伯曾将父权制建构为具有父亲对儿子支配、男性对女性支配的支配类型。[2] 笔者同时参考了金一虹的观点，"在一种基于年龄、辈分与性别之上的等级家庭制度的意义上使用父权制概念。父权制家庭的权力关系具有父主子从、男主女从的特点，具有与之相应的一系列有关家庭成员角色分工、权利义务和财产继承等规则体系"[3]。"作为家庭制度的父权制，从父亲的角度看有三个基本构成——父系制（世系、血统或家系按照父子相承的惯例）、父居制（以父亲的住所为居所）、父姓制（姓父亲的姓氏）。从婚姻的夫妻关系看，父权制又包括夫权制（丈夫的权力）、夫系制（丈夫家世的延续）、夫居制（妻子婚后移到丈夫的居所的规制）。"[4]

---

① 马春华：《市场化与中国农村家庭的性别关系》，博士学位论文，中国社会科学院，2003，第 19 页。
② 韦伯：《社会学的基本概念》，顾忠华译，台北：远流出版事业股份有限公司，1993，第 75～76 页。
③ 金一虹：《流动的父权：流动农民家庭的变迁》，《中国社会科学》2010 年第 4 期。
④ 白路、杜芳琴：《一个观察世界的新视角——女性主义男权制理论在中国的传播和运用》，《江西社会科学》2009 年第 4 期。

中国农村的家庭数千年来一直维持着父系父权制，尽管20世纪以来，在历次革命运动和现代化浪潮的冲击下，父权制受到削弱，但其并没有消亡，迄今为止父权制家庭仍作为中国农村普遍的家庭形态而存在。[1] 儒家学说对中国人的生活影响最大，每个人在家庭生活中的位置、角色、权利和义务，都和他/她的性别、年龄、辈分相关，遵循严格的等级和性别原则。男性支配女性，年长者支配年轻者。而家中最年长的男性一般担当家长的角色，对所有家庭成员和所有家庭财产都有支配权和处理权。这一套父权制的学说通过社会化以及意识形态的运作，成为所有社会成员接受的东西，整个家庭秩序乃至社会秩序都建立在此基础上。[2]

东乡族基本信仰伊斯兰教。伊斯兰教"在很大程度上与社会生活紧密联系，其信徒的一切（包括衣食住行）基本上皆可遵经而行"[3]。但是，伊斯兰教教法毕竟是建立在生产资料私有制的基础之上，由于男性在当时的生活关系中起主导作用，所以，当时阿拉伯世界男尊女卑、男权至上的意识仍是社会主流。[4] 著名妇女学家朱丽叶·米切尔认为："妇女不善暴力行为和不胜体力劳动决定了她们的附属地位。在多数社会中，妇女不仅在重体力劳动方面比不上男性，而且她们也不像男性那样骁勇善战。男性不仅有力量与自然抗争，而且他们还与自己的同类征战。"[5] 男尊女卑的思想在东乡社会、在岭村落地生根，延续发展至今，形成其典型的父权父系特征。尽管这种传统的家庭模式作为传统社会的产物，存在着很多不合理、不公平的现象，但作为一整套严密的家庭制度，它通过数代人的承继，已经得到很多社会成员的认同，并内化为一种自觉的自我约束力。即使是在这一套制度体系中处于受伤害地位和弱势地位的妇女，也已经习惯和默认了这样一种社会文化强加给她们的生存地位，使本来不合理、不公平的事情成为合理和公平的事情。这就是我们所说的建立在传统家庭制度基础上的和谐，这种和谐是以妇女对传统的妥协和顺从为代价的，这种"妥协性

① 金一虹：《流动的父权：流动农民家庭的变迁》，《中国社会科学》2010年第4期。
② 马春华：《市场化与中国农村家庭的性别关系》，博士学位论文，中国社会科学院，2003，第36~37页。
③ 马成良：《中国伊斯兰教与中国儒道思想关系浅析》，《西北民族学院学报》（哲学社会科学版）1990年第3期。
④ 马东平：《论伊斯兰教法之妇女观》，《甘肃社会科学》2001年第5期。
⑤ 李银河：《妇女：最漫长的革命》，三联书店，1997，第17页。

和谐"所带来的后果是家庭的稳定，每个家庭成员都按照既有的家庭制度安排给自己的角色和职责，年复一年地过着没有多大变化的生活，如果没有外力的推动，这种和谐与稳定还将保持下去。①

父权制家庭无疑具有传统指向，如韦伯所言，其统治的合法性来自传统。因此人们通常认为，作为具有解传统特征的现代化进程必然对父权制家庭起到削弱乃至破坏的作用。② 如杨善华等人通过调查得出结论，中国农村家庭在经济上发生了"非农化"的变化，家庭不再成为一个生产单位，从而使得父系父权制家庭的基础彻底瓦解。每一个家庭成员，尤其是女性，却因为"非农化"的变化有可能去寻求各种非农职业，经济上获得独立，而这正是实现家庭地位平等的前提。因而，农村的现代化进程，将使父系父权制家庭逐渐退出历史舞台，类似我国城市中已经出现的男女平权、双系并重的新型家庭将不断涌现。③ 笔者田野调查的结果在一定程度上印证了上述结论。岭村大量青壮年劳力的流动对父系父权制的家庭制度造成了削弱，年轻一代外出就业，成为家庭经济的支柱，其经济实力增加，相应的家庭权力也有所提升，老人的权力和权威则有所下降；家庭中男性成员的外出，也促进了已婚女性家庭地位的改善，尤其是对那些留守妇女来说，在家庭事务和家庭决策方面有了一定的自主权。但是，我们也必须承认，在岭村，父系父权制深层的文化根基和规则并没有被触动，深层的物质资源如父系财产继承、从夫居等也得以保存，主要表现在如下几个方面。

第一，依然强调"父主子从"，在主干家庭和联合家庭中，父亲通常是一家之主，掌握家庭权力。父母对子女的婚事具有绝对权威，"父母之命，媒妁之言"仍然是婚姻缔结的主要形式。

第二，强调"男主女从"，家庭财政大权一般由丈夫直接掌控，并且由丈夫掌握家中重大事务的决策权，而妻子仅在涉及柴米油盐及个人衣物等日常生活事务上有一定自主权。

第三，在性别角色分工上，依然以"男主外，女主内"的模式为主。

① 周伟文、严晓萍、刘中一：《生存在边缘：流动家庭》，河北人民出版社，2002，第23页。
② 金一虹：《流动的父权：流动农民家庭的变迁》，《中国社会科学》2010年第4期。
③ 杨善华、沈崇麟：《城乡家庭——市场经济与非农化背景下的变迁》，浙江人民出版社，2000，第117页。

即使那些跟随丈夫进城的妇女，也多是延续她们在农村的生活方式，"相夫教子"、伺候公婆、操持家务。

第四，在家庭财产继承、赡养老人和祭祀祖先问题上，依然实行父系原则。只有儿子（幼子经常分的多些）和孙子才享有家庭财产的继承权，东乡族女性无权继承任何家产。相应的，在侍奉父母方面，只有儿子（尤其是幼子）有赡养父母的责任和义务，女儿一般不必承担这样的责任和义务。

第五，新婚夫妇的居制形式依然为从夫居，即新婚夫妇都从男方的父母居住。并且一结婚就分家的现象非常少，通常都是要和父母共同生活几年，等到后面的兄弟结婚才会分家。

第六，在家庭外部关系网络中，依然是重家伍轻姻亲，尤其是对亲家伍更为倚重。一般与夫妻双方关系密切的都是有血缘关系的父系亲属家庭，而与建立在姻缘关系基础上的母系亲属家庭则关系较为疏远。即使是在家中男性劳力外出后，那些村中的留守妇女如遇事需要帮忙，也多是寻求夫方同宗的兄弟，与妻方亲属关系不管是在生产合作还是在生活互助上，建立的亲密关系都非常有限。

第五章

流动家庭内部关系：夫妻关系*

家庭成员尤其核心家庭成员外出流动不可避免地会对家庭的形态造成影响，形成"半漂式流动家庭"和"全漂式流动家庭"，农民家庭由原来固定在特定区域变为在不同区域流动。这种变化是外出打工策略实施的结果，这个策略一经形成，在一定时期内会处于相对稳定的状态，并且会影响接下来的一系列家庭策略。所以东乡族家庭在做出流动的决策时，一定会对随之而来的诸如夫妻关系的维系、子女的教育、老人的赡养和亲属关系的处理等家庭决策产生影响，进而使家庭关系发生改变。家庭关系因家庭成员的增减、家庭结构的变动、生活环境的转移而发生的变化有好的方面也有坏的方面，生活在其中的各个家庭成员为了适应这种变化，使家庭得到更好的延续和发展，会从自身的位置和角色出发，不断调适自己的行为，这种调适也是外出打工策略的组成部分。

家庭内部关系，主要包括横向的夫妻关系和纵向的亲子关系。不管是"半漂式流动家庭"还是"全漂式流动家庭"，家庭内部关系调适的目标和原则都是家庭整体利益至上。对于夫妻关系来说，主要包括经济关系、权力关系、感情关系等；对于亲子关系而言，主要涉及抚育和赡养的问题。

夫妻关系是两性婚姻关系在家庭人与人之间的具体表现形式，是最基本的家庭关系，是其他家庭人际关系产生的前提和基础。夫妻关系包含多层次的内容，如夫妻的家务劳动分工、夫妻在家庭中的权力分配、夫妻的感情关系等。在本书中，笔者把夫妻关系看作一个小系统，其内部又分为

---

* 本章内容部分发表于《西北民族研究》2013 年第 3 期、《民族论坛》2013 年第 5 期、《民族论坛》2015 年第 9 期。

经济关系、权力关系和感情关系等若干方面。

　　有不少学者都总结了从传统社会到现代社会夫妻关系发生的变化。如邓伟志等认为，在当代中国社会，伴随着家庭规模小型化以及家庭结构的简单化，夫妻关系在家庭关系中开始占据主导地位，家庭轴心从以往的亲子轴心转向夫妻轴心；夫妻关系在家庭内部趋于平等，夫妻各自保持思想和经济独立，共同分担家庭义务；在夫妻关系中注重爱情、情感支持、伴侣关系的实现以及性的和谐与满足。[①] 沈崇麟等认为，在当代中国社会，传统封建家庭伦理所规定的夫妻规则，如夫妻有别、夫为妻纲的不平等思想已经发生了巨大的变化。核心家庭比重增大，夫妻关系成为家庭关系的轴心；从夫妻关系性质上看，主从型居少数，平等型增多；从夫妻功能实现上看，夫妻比较重视感情交流与沟通，生育职能弱化而性爱意义突出；夫妻冲突与离异增加。[②] 也有不少学者从人口流动的角度出发，论述了城乡劳动力的转移对农村家庭夫妻关系的影响和冲击。王春光通过对湖北荆门市两个不同类型的村庄进行分析比较，探讨经济角色变迁及其对妇女参政的影响。他认为，随着农村生产关系、生产方式、劳动组织和经济结构等的重大变革，农村妇女的经济角色再次发生了巨大而又深刻的变化，并对妇女参政产生了重大而深远的影响。[③] 潘鸿雁等通过对翟城村非常规核心家庭夫妻权力关系的调查发现，妻子因为丈夫的外出，家庭决策权力大为提升，权力领域扩大，地位提高。丈夫所挣收入虽然还是家庭的主要收入来源，但家庭的财务管理大权一般为妻子掌管或夫妻共管，有重大消费开支时，两人共同商量决定；而日常生活上的开支，则多由妻子决定。在一些诸如计划生育、选举村主任、用水等村庄大事上，妇女参加也占多数。[④] 崔应令通过对湖北恩施土家族双龙村两种流动家庭内部夫妻情感关系的调查发现，同在外打工的夫妇群体并没有显示出不稳定或分裂的迹象，相反，这类夫妻关系不仅更加同心协力、紧密合作，而且在情感上更

---

① 邓伟志、徐榕：《家庭社会学》，中国社会科学出版社，2001，第 91～92 页。

② 沈崇麟、李东山、赵锋：《变迁中的城乡家庭》，重庆大学出版社，2009，第 150 页。

③ 王春光：《荆门市农村妇女社会角色变化的调查研究》，《沙洋师范高等专科学校学报》2004 年第 4 期。

④ 潘鸿雁、孟献平：《家庭策略与农村非常规核心家庭夫妻权力关系的变化》，《新疆社会科学》2006 年第 6 期。

加亲密化，心灵的互相依赖与互相抚慰更加公开；而夫妻单方的外出打工没有使得两地夫妻关系更加不稳固，也没有加深夫妻间的隔膜，反而因为外来的压力推动了双方对夫妻情谊更为珍惜。①

但是，对于东乡族来说，他们的夫妻关系、夫妻相处模式，既有其普遍性的一面，又有其自身的特殊性。而由于人员流动所形成的新的家庭类型——"半漂式流动家庭"和"全漂式流动家庭"，其所造成的夫妻关系的变化也必然有其不同于其他民族和地区的表现。

第一节　夫妻经济关系：各司其职

杨善华认为，家庭内部人际关系主要是经济关系。从功能论的角度看，家庭制度的存在主要就在于满足人类生存和发展的需要。所谓生存则包括日常生活的维持和世代延续两个方面。在工业化之前，低下的农业生产力水平决定了家庭的首要任务是要解决自身的生存问题，而家庭人口再生产也首先是为了劳动力的再生产。纵然家庭成员之间具有血缘关系和姻缘关系，但他们的首要角色并不是父母夫妇之类，而且家庭经济生活中的角色。"男耕女织"就是对中国农业社会传统家庭角色分工的最清楚注释。②

经济关系是家庭关系的命脉和基础，是家庭关系的本质，经济关系的变化会影响其他关系的变化。男女个体基于婚姻所结成的夫妻关系，首先是一种经济关系，包含了物质因素，即为了家庭的生存和延续，纯粹感情的东西是不存在的。在人类家庭史上，家庭从本质上说，是一种反映物质交往关系的经济生产单位，而不是所谓"爱的共同体"。在传统的自然经济条件下，一夫一妻制的父权制家庭是自给自足的经济单位，是一个经济生产共同体，是整个社会生产和生活的核心，一切伦理的性爱都服从着促进经济生产和维护社会秩序的需要。直到近代，才出现了一种浪漫之爱，特别推崇爱情是婚姻的基础，浪漫主义运动将其推到了极致。爱情逐渐作

---

① 崔应令：《外部迫力与内部整合——打工潮背景下的乡村夫妻关系研究》，《广西民族大学学报》（哲学社会科学版）2009 年第 2 期。
② 杨善华：《家庭社会学》，高等教育出版社，2006，第 60 页。

为婚姻的重要元素被人们所认可。在今天工业化的时代，物质的高度发展又为人们追求高品位的精神生活提供了基础，对爱情的追求成了年轻人缔结婚姻的重要条件。[①] 但经济因素从未退出历史舞台，尤其在当代中国农村，家庭不仅是一个消费共同体，还是一个生产协作的共同体。当情感与家庭经营不能两全其美时，情感生活总是被牺牲。[②] 夫妻经济关系主要包括夫妻财产关系、夫妻消费关系、夫妻在家庭生产与家务劳动分工中的协作关系等。本书主要从生产过程中的协作和家务劳动中的分工方面考察东乡族流动家庭的夫妻经济关系。

一　流动前的"男耕女织"

在传统的农业社会，夫妻之间主要强调功能差异，重视生活与劳务之间的分工和配合。一般来说，丈夫的活动领域在家庭以外，主要从事打猎、放牧、耕种以及其他户外社会工作，他们通常扮演着"家庭供养者"的角色；妻子则主要在家庭内部，从事生儿育女、洗衣做饭及其他家务工作，她们通常扮演着"家庭操持者"的角色。这种传统的性别分工也就是人们常说的"男主外，女主内"的模式，夫妻之间通过各司其职来共同维持家庭的存续。

据有关史料记载，传统的东乡族经济以农业为主，同时兼营一部分手工业。男性由于身强力壮，在农业生产中一般从事犁地、灌水、送肥等对体力要求比较高的劳动，而女性则更多从事施肥、拔草、收割等相对轻松的农活儿。我们调查的时间正值麦子成熟季节，在田间地头随处可见女性参与收割、打碾等农业活动。由于土地有限，农业生产无法保障人们的基本生活，东乡族男子也会在农闲季节从事一些手工业或商业等。手工制作以银饰、铁器、碗、毛毡等日常消费品为主，部分男性也会走街串巷或成群结队外出行商来补贴家用。这种"男主外，女主内"的分工模式，形成东乡族男性与外界交往广泛，参与各种社会活动的特点，他们一般都会讲汉语，有比较丰富的社会资源，但很少做家务。不管是男性还是女性，都

---

① 潘鸿雁：《国家与家庭的互构——河北翟城村调查》，上海人民出版社，2008，第 59 页。
② 潘鸿雁：《外出打工策略与夫妻经济关系的调适——以定州为例的实证研究》，《青年研究》2007 年第 12 期。

会认为家务只是女性的事情，她们包揽了做饭、洗衣、伺候丈夫和公婆、照顾孩子等各种家务，却很少参与社会事务。[①]

新中国成立后的土地改革运动和合作化运动，使得东乡族的妇女和千千万万的汉族妇女一样，从家庭的束缚中解放出来，加入了社会劳动的行列中，也首次确立了她们在社会劳动中的经济身份。毛泽东对合作化时期妇女参加劳动有过经典的论述"为了建设伟大的社会主义社会，发动广大的妇女群众参加生产活动，具有极大的意义。在生产中，必须实现男女同工同酬。真正的男女平等，只有在整个社会的社会主义改造过程中才能实现"[②]。"中国的妇女是一种伟大的人力资源。必须发掘这种资源，为了建设一个伟大的社会主义国家而奋斗。要发动妇女参加劳动，必须实行男女同工同酬的原则。"[③] 妇女同男子一样，被吸收到公共劳动中，成为社会财富的创造者。农村夫妻共同参加公共劳动，共同占有少量的资源，收入基本相同，生活水平不高，家庭积蓄也少，这种状况决定了夫妻经济关系是以共有为主，同时夹杂少量的依赖。所谓共有，是指夫妻经济收入完全共享，共同拥有，共同分配，不分彼此，没有私房钱。所谓依赖，是指一方无职业，依靠对方生活。一般是妻子无职业，由她来承担全部家务劳动，并且没有报酬。[④] 而在这一段时间，东乡族女性的家庭角色并没有发生多大的变化，但同时她们又具有了更重要的集体生产劳动者的角色。这种社会变迁带来的巨大的社会角色转变，一方面使她们扩大了交往的空间，在经济上具有了相对的独立性，另一方面也使她们筋疲力尽，因为她们白天同男性一样下地干活，回家以后，还要承担繁重的家务劳动。[⑤] 同时，由于对市场的取消以及限制自行经商，"农村人口几乎全部致力于农业生产，没有什么替代性的职业"[⑥]。

---

① 李育红：《东乡族、保安族女性与民族发展》，《西北民族研究》2008 年第 2 期。
② 《毛泽东文集》（第六卷），人民出版社，1999，第 452~453 页。
③ 《毛泽东文集》（第六卷），人民出版社，1999，第 458 页。
④ 潘鸿雁：《外出打工策略与夫妻经济关系的调适——以定州为例的实证研究》，《青年研究》2007 年第 12 期。
⑤ 李育红：《东乡族、保安族女性与民族发展》，《西北民族研究》2008 年第 2 期。
⑥ 朱爱岚：《中国北方村落的社会性别与权力》，胡玉坤译，江苏人民出版社，2004，第 177 页。

二 流动后的"男工女耕"和"男工女织"

20世纪80年代初期，随着农村经济体制改革及家庭联产承包责任制的实行，农村劳动生产率大幅提高，而耕地的有限使得多数家庭的农业劳动力出现了剩余。家庭仅仅依靠农业收入和土地收入，已经不能满足基本的生活需求，因此，这些剩余劳动力唯有向非农领域发展，才能寻求"释放"渠道。20世纪80年代中期，特别是90年代以后，随着户籍制度的松动，国家对农村劳动力的限制弱化，大量在集体经济时代被束缚在农业生产中的劳动力开始向非农领域和城镇转移。因此，善于经商的东乡族人，再也无法忍受贫困和吃不饱的日子，纷纷走出家门到社会中主动寻求更大的生存空间和更多的生存机会，这种外出打工策略的实施结果，便是"半漂式流动家庭"和"全漂式流动家庭"的形成，以及随之而来的夫妻之间经济关系的变化。"半漂式流动家庭"由传统的"男耕女织"变为现在农村中的"男工女耕"，"全漂式流动家庭"则由传统的"男耕女织"变为现在城市中的"男工女织"。

在农业生产方面，"半漂式流动家庭"中的男性外出与女性留守，把大多数东乡族妇女推到了农业生产的第一线，并成为农业生产中的主力军，她们不仅要操持家务，还要在田间种地干活。家中所有的重活、粗活都压在了留守妇女的肩上，男性除了会在农忙季节回家帮助收割庄稼外，其他的一切农活诸如播种、除草等全由家中的女性承担，农业生产出现女性化的倾向。笔者通过对41户"半漂式流动家庭"进行问卷调查了解到：在丈夫外出打工前，"从事什么生产"由丈夫决定的占90.2%，夫妻共同商量决定的占4.9%；而丈夫外出打工后，由丈夫决定的仅占12.1%，夫妻共同商量决定的占48.8%，由妻子单独决定的占22%。那些"全漂式流动家庭"，则无论是男性还是女性都已经暂时脱离农业生产，他们的情况多和个案9类似，土地一般由同社人免费耕种，而个案6的情况比较特殊，土地有偿出租给了政府，实行退耕还林。

> 个案9：现在家里还有5亩地，让别人帮我种着呢，收成归人家，也不用给我钱。农村那白种都没有收入，给我钱他们就没人种了，地也不好，山区也没水，没有什么收入，人家给钱是没人给的，稍微远

一点的地都没有人种了。

个案6：我们家地多，有19亩地呢。分地的时候人头多，后来姐姐、妹妹就都出嫁了，又不用分地，所以到现在地就多。我的地是公家种着呢，现在不是退耕还林，种苜蓿啊，种树啊，那样子的嘛。公家给我们钱嘛，一亩地每年大概180块钱。

在家务劳动分工方面，无论是"半漂式流动家庭"还是"全漂式流动家庭"，其流动后和流动前都采取的是典型的"男主外，女主内"模式。在调查中，只有两位男性明确表示会帮助妻子"烧饭"，平时家庭中的洗衣服、洗碗、扫除等家务活都由女性一人承担，男性则有时会在教育子女与照料子女方面和妻子共同承担。东乡族无论男女都有这样一种认识：家里的活是女人的活，男人只能干些男人的活，所以不光是男性认为家务活应该由女性来做，女性也会认为家务活是自己分内的事，并不要求男性参与其中。[1]　村里的妇女大多是这样说的：

家务活都是我干，他在外面打工挣钱，我在家里做，大活是他干，地里的活有时他也帮着干。

都是我的，做饭、洗衣服、洗碗、喂牲口全是我一个人干，家里种了点玉米，他就是收玉米的时候会回来帮忙。

"掌柜的"就是家里面的活基本不干，他回来了的话就是地里面的活，喂羊啊，这些会干。"掌柜的"不在的话地里的活我也要干。

丫头放学就丫头干，丫头不放学就是我干，丫头洗衣服、做饭什么的都会干，她从小就一直干着呢，有时候她上学回来就帮着干，我们这个农村娃娃都会干。他不干，他要忙生意呢。

主要是儿媳妇干着呢，我没做什么，就坐着呢，随便做些活计。

当然，在丈夫流向城市后，那些留守在家庭中的妻子所要承担的家务活比流动之前多得多。丈夫外出之后，她不光要在家里忙活，要照顾孩子、照顾老人，还要耕种着家里的农田，养羊、养鸡等。女性不仅是家务

---

[1]　景晓芬：《东乡族女性婚姻家庭研究》，《西北人口》2006年第6期。

劳动的主要承担者，而且家务劳动的工作量非常大、体力特征明显，占用了女性大量的时间和精力。

在家庭收入方面，东乡族男性成员的外出，使得夫妻之间的收入差距在无形中增大。一方面是男性成员在非农领域获得的直接现金收入，用于全家一切大小事务如家庭的红白喜事、盖房子以及孩子上学等方面的开销；另一方面是女性在农业领域和家庭领域的非现金收入，但妇女的作用被隐性化。在岭村，一般家庭的非农收入每年大概有 2 万元，而农业方面的收成基本上只是为了保证家庭的口粮需求，根本没有盈余转换成现金收入，所以，夫妻之间的经济关系是单方面的依赖关系。城市中的"全漂式流动家庭"更是如此，那些随迁的妇女大部分只负责在家做饭、洗衣服等，很少出去打工，也没有农业方面的收入，在经济上完全依赖丈夫。

第二节 夫妻权力关系：让渡与协商

东乡族夫妻权力关系的变化尤其是由人口流动所引起的夫妻之间家庭权力的变动，不仅可以体现整个民族的文化特征，显示出男女家庭地位的不同以及由此反映的社会地位的不同，同时它也是社会变迁在家庭领域的一种反映。

"W. 古德说过：'在某种程度上，即使最幸福的家庭也可以被看作是一种权力制度。因为无论何时，每个家庭成员都在鼓动其他成员去做某件事或不做某件事，而这往往会违背其他人的意愿。'只要有两个以上的人，就会有权力关系的存在，所以，权力关系是家庭关系的一部分。"[①] 王金玲认为，家庭权力是一种立体网状的分布，其至少存在着婚姻、代际、个人三个维度，家庭成员角色身份的多样性使得家庭权力领域内部形成多样且重叠/交错的权力空间，而夫妻权力已逐渐成为家庭主导型的控制权力。[②] 夫妻权力意味着"夫妇各自的能力的相互影响，衡量权力一般以谁来做决定和谁来执行决定为尺度"[③]。

---

① 王鹏飞：《现代家庭权力结构与家庭管理》，《经营管理者》2008 年第 13 期。
② 王金玲：《家庭权力的性别格局：不平等还是多维度网状分布？》，《华中科技大学学报》（社会科学版）2009 年第 2 期。
③ 罗斯·埃什尔曼：《家庭导论》，潘允康等译，中国社会科学出版社，1991，第 445 页。

　　社会学以往对家庭权力的研究主要有两种思路：一种是资源理论，主要是用家庭决策来衡量夫妻间的权力对比，并用资源的可得性对这种决策差异进行理论解释；另一种是女权主义，主要用父（男）权制解释家庭中的权力现象，认为影响家庭中权力分配的根本原因在于社会中普遍存在的父权制规范。[①] 也有学者认为，在泛化资源观看来，其实这两种思路是有理论同质性的。这种物化的权力观，将权力与决策等同起来，却忽视了大量现实生活中与决策无关的权力表现形式，这只是一种偏向静态的剖析，没有对家庭权力过程进行深入研究。[②]

　　学界目前大部分研究对于具体测量家庭权力都倾向于相对权力评价机制和多维度取向，且分项变量的数目和界定各不相同。概括而言，对婚姻权力的度量和评价有如下几种模式："经常性管理权重说""重大家庭事务决定说""受访者客观认同说""多元指标综合说"。考察的指标有：家务劳动分配权、家庭重大事务（生产和建房）决定权、日常事务（日常生活和钱财管理）和子女事务决定权、个人消费自由权等。也有学者认为，这种多维分项家庭事务决定权指标存在诸多缺陷，如性别偏差、缺失值过高或概念未必涵盖婚姻权力实质等，以致很难复合为一个反映夫妻实际权力的综合性指标，因此，"家庭实权测量说"因其简约、明了和可操作性强的优点，被一些研究采纳。"夫妻比较而言，谁拥有更多的家庭权力"、"总体而言，在做各种决定时谁做最后的决策多些"以及"总体上掌握家庭实权者"这样的总括性单项指标被用来测量夫妻权力分配。[③]

　　本书主要依靠定性的研究方法，通过对流动家庭的参与式观察和对流动人员及其家庭成员的访谈，获得"半漂式流动家庭"和"全漂式流动家庭"中夫妻权力关系的总体印象，分析并阐释这些流动家庭中夫妻双方围绕外出打工这个策略而对自身的权力地位做出的调适。概括来说，在"半漂式流动家庭"和"全漂式流动家庭"中，都是丈夫拥有更多的家庭实权。

---

① 潘鸿雁、孟献平：《家庭策略与农村非常规核心家庭夫妻权力关系的变化》，《新疆社会科学》2006 年第 6 期。

② 郑丹丹、杨善华：《夫妻关系"定势"与权力策略》，《社会学研究》2003 年第 4 期。

③ 徐安琪：《夫妻权力和妇女家庭地位的评价指标：反思与检讨》，《社会学研究》2005 年第 4 期。

一 传统夫妻权力关系

在传统的中国农业社会中，和"男主外，女主内"的生产、生活分工模式相匹配的是"男主女从""男尊女卑"的权力关系模式。儒家文化对妇女在道德、行为和修养方面提出了非常严格的规范要求——"三从四德"。"三从"指妇女未嫁从父、出嫁从夫、夫死从子；"四德"指妇德、妇言、妇容、妇功。在这样的社会中，男性是家庭中的主要力量，拥有较高的地位，夫妻之间必须以夫为核心，即所谓的"夫为妻纲"，妻子对丈夫必须绝对服从。可以想象，在这种观念下生活的女性，其地位必然是卑微和低下的，终其一生都要附属于家庭和男性。

应当说，新中国的成立是一个重要转折点，国家通过立法的形式确立了男女平等的基本原则，并规定要保护妇女的权利。如1950年颁布实施的《中华人民共和国婚姻法》中确立的男女平等原则；1979年颁布的《中华人民共和国全国人民代表大会和地方各级人民代表大会选举法》规定，妇女有与男子同等的选举权和被选举权；1954年颁布的《中华人民共和国宪法》规定，妇女在政治、经济、文化、社会和家庭生活各方面享有同男子平等的权利……20世纪80年代以后，我国有关妇女的立法更臻完善，《女职工健康保障暂行规定》《女职工劳动保护规定》《妇女权益保障法》等法律的颁布和实施，给予妇女群体特殊保护，妇女地位也有了切切实实的提高。但是，法律法规在偏居一隅的乡村社会所能达到的效果总是和城市不能同日而语。正像费孝通先生所说的："中国的乡土社会是'礼治'社会。礼是社会公认合式的行为规范。……礼和法不相同的地方就是维持规范的力量。法律是靠国家的权力来推行的。'国家'是指政治权力，在现代国家没有形成之前，部落也是政治权力。而礼却不需要这有形的权力机构来维持。维持礼这种规范的是传统。……在乡土社会中，传统的重要性比现代社会更甚。那是因为在乡土社会里传统的效力更大。"① 对于大多数生活在乡村社会中的东乡族来说，他们的传统是建立在宗教信仰基础之上的。法律并没有改变他们在家庭私人领域内传统的性别分工模式，也没有改变他们夫妻之间的权力关系模式，真正对他们造成冲击的是他们自己的

---

① 费孝通：《乡土中国 生育制度》，北京大学出版社，1998，第50页。

选择，即人员的外出。不管是丈夫的单独流动还是全家集体式迁移，对各个家庭成员的影响都是巨大的。虽然夫妻之间"男主女从"的权力关系模式并没有完全颠覆，但妇女的家庭地位已较过去有较大提高。

二　权力的部分让渡与协商

岭村的已婚女性一部分由于丈夫的外出而成为留守妇女，留守妇女不仅要承担所有的家务活，包括做饭、洗衣、照顾子女、赡养老人、养殖牲畜等，还要耕种田地；另一部分由于"夫唱妇随"，跟随丈夫进城，使自身也成为流动人口。笔者以"孩子升学就业、日常生活开支、储蓄和投资、从事什么生产、购买高档商品、盖房买房"的决策权为指标，来考察丈夫外出前和外出后，流动家庭中夫妻权力关系的变化，其结果如表5-1所示。

由表5-1中数据可以看出，妻子做决定的比例在"日常生活开支"和"从事什么生产"两方面有明显提高，夫妻共同协商的比例在"孩子升学就业""储蓄和投资""从事什么生产"等大事上均有所提升。丈夫外出后，因现实生活需要，适度让权给妻子的情况普遍存在，妻子在日常生活和农业生产方面都具有一定的自主性和决定权。但夫妻比较而言，依然是丈夫拥有更多的实权，"男主女从"的权力关系模式没有改变。

表5-1　"半漂式流动家庭"夫妻权力关系调查结果

单位：%

家庭决策内容		孩子升学就业	日常生活开支	储蓄和投资	从事什么生产	购买高档商品	盖房买房
外出后	丈夫	78.1	12.2	75.6	12.1	75.6	65.9
	妻子	7.3	78.0	0.0	22.0	0.0	0.0
	夫妻共同	14.6	0.0	19.5	48.8	24.4	26.8
	父辈成员	0.0	9.8	4.9	17.1	0.0	7.3
外出前	丈夫	90.3	92.7	85.3	90.2	75.6	48.8
	妻子	0.0	2.4	0.0	0.0	0.0	0.0
	夫妻共同	7.3	4.9	9.8	4.9	24.4	24.4
	父辈成员	2.4	0.0	4.9	4.9	0.0	26.8

在"全漂式流动家庭"中，普遍延续了流动前的夫妻权力关系模式。

有 8 户家庭的事务主要都是丈夫一人说了算，这 8 户家庭中的女性都没有
工作，也没有从事任何生产劳动，因此，经济收入的缺失，使得她们在陌
生的环境中只能完全依赖丈夫，在家庭地位上依然处于从属地位。另外，
两户"全漂式流动家庭"中，妻子的家庭权力地位有所上升，这主要是因
为妻子和丈夫一样外出打工，直接的经济收入使得她们对家庭的贡献显性
化，加之妻子自身受城市文化的熏陶，自主意识提升，使得家庭中的话语
权有向妇女倾斜的趋势。有一位大哥就曾这样打趣地说过，"我老婆的手
机是她自己要的，她说她要和我平起平坐"。虽然只是一句玩笑话，在现
实生活中也未必真的就能达到夫和妻的"平起平坐"，但毕竟好的端倪已
经开始显现。

通过对个案的深度访谈，我们也可以看出，在岭村的流动家庭中，掌
握实权的依然是丈夫，妻子的自主权和决策权多体现在家庭的日常生活开
支及个人物品的购买上。

> 个案 4：我现在一个月基本上能挣四五千，大部分都要交给父亲，
> 只留下我和媳妇的生活费。她平常买东西比如说衣服什么的也都不用
> 和我商量，一般和我要了我就给，不过我没钱的时候也没办法给。

> 个案 6：现在家里有什么事情也都是我说了算，包括孩子升学啊，
> 都是我说了算，起码一个人说了算，全部人说了算这个事情也不行
> 嘛。一般事情我们也研究商量着呢，大事情上商量，小事情基本都不
> 用商量，我说了算着呢，家长说了不算谁说了算呢。

> 个案 13：一般要买个家里的小东西、衣服啊什么的，她要了钱就
> 自己买去就行了，也不用和我商量，我买东西也不用和她商量。我买
> 我的，她买她的，都不用商量。

> 个案 17：现在我和儿子都出去了，家里的小事情儿媳妇可以做主，
> 比方说买买东西什么的，孩子上学那些大事都要打电话给儿子的。

> 个案 18：我打工之前家里的日常开支、孩子升学入学啊，还有盖
> 房子什么的都是我说了算，现在也一样。我们家的钱在她手里，她一
> 般买个化妆品、衣服什么的也不需要和我商量。钱要是多她就要和
> 我说一声，要是随便个几十块、几百块就不用和我说了，反正上千
> 的钱她又花不了。我买东西一般也是大的钱要和她商量，小的钱就

不用商量了。

　　岭村流动家庭的夫妻权力，从一定程度上印证了学者王金玲的调查发现，即妻权更多地集中于"家庭小事"和"私生活"领域，夫权更多地集中于"家庭大事"领域。妻权更多地表现为日常性、琐碎性和私人性，夫权更多地表现为全面性、重大性和公共性。①

第三节　夫妻情感关系：平淡中的稳定

　　一般来讲，古代的夫妻感情关系较为淡薄，夫妻之间就只有一些劳动中的分工协作关系和日常生活中的谦恭礼让关系，人们不太重视夫妻间感情的培养与交流，感情对多数人家的夫妻来说既陌生又无足轻重，一般夫妻之间的情感生活都是相当平淡甚至淡漠的。这是因为：当时亲子关系重于夫妻关系，婚姻的缔结是"父母之命，媒妁之言"，是家庭、家族的联姻。当人们把家庭的需要和利益放在首位时，必然把个人的感情追求置于从属地位。② 正如恩格斯所说的：古代所仅有的那一点夫妇之爱，并不是主观的爱好，而是客观的义务；不是婚姻的基础，而是婚姻的附加物。③

　　直到 20 世纪 40 年代，在中国的乡村社会，夫妻之间表达情感的方式都相当含蓄。费孝通先生在《乡土中国》中有这样的描述："在西洋家庭团体中，夫妇是主轴，夫妇共同经营生育事务，子女在这团体中是配角，他们长成了就离开这团体。在他们，政治、经济、宗教等功能有其他团体来担负，不在家庭的分内。夫妇成为主轴，两性之间的感情是凝和的力量。……而在中国的乡土社会，家是一个绵续性的事业社群，它的主轴是在父子之间，在婆媳之间，是纵的，不是横的。……两性之间在感情的表达上，从来都是矜持和保留的。不但在大户人家，书香门第，男女有着阃里阃外的隔离，就是在乡村里，夫妇之间感情的淡漠也是日常可见的现象。大多是'用不着多说话的'，'实在没有什么话可说的'的相

① 徐春莲、郑晨：《屋檐下的宁静变革：中国家庭 30 年》，广东高等教育出版社，2008，第102 页。

② 潘鸿雁：《国家与家庭的互构——河北翟城村调查》，上海人民出版社，2008，第 81 页。

③ 《马克思恩格斯选集》（第四卷），人民出版社，2012，第 87 页。

处状态。"① 就算到了当代，国内的一项调查结果仍显示，在甘肃农村地区，被调查者对婚姻幸福的自我评价较低，他们中因爱情而结合的仅占10.4%，58.3%的夫妇婚前互不了解，无感情可言。他们目前的婚姻主要靠经济因素维系的占33.9%。②

东乡族所生活的乡村社会，所处的文化氛围，决定了他们在夫妇之间的情感交流和表达方面是含蓄和内敛的，既不同于西方的夫妻，也不同于中国现代城市中的夫妻。现代城市中的家庭，随着社会的进步和人们思想文化素质的提高，已经越来越趋向于成为一个精神共同体、情感共同体，情感的表达多元而直接，而在广大农村，家庭经济共同体的性质依然显著，家庭的整体需要和利益是人们看重的，感情的追求自然屈居第二，夫妇之间情感交流的方式仍较多地沿袭着传统。③

一 "父母之命，媒妁之言"

东乡族传统上一般实行早婚，男的一般15岁左右，女的一般13岁左右便结婚。在我们的调查和访谈中发现，东乡族女性的初婚年龄大都在15~18岁，男性一般在18~20岁，有少部分年龄偏大结婚的，一般都是由家庭经济状况不好造成的。很明显，这个年龄是低于国家规定的结婚年龄（男22周岁，女20周岁）的，并且也低于法律规定的少数民族地区的结婚年龄（男20周岁，女18周岁）。在岭村，定娃娃亲的现象很普遍。当我们问到杨大叔为什么父母会在7~8岁就给他定娃娃亲时，他的回答是："定得晚的话好姑娘都被说完了，轮不到自己了。"据笔者分析，这主要是因为这个地方深居山区，贫穷落后，以前外边的人根本不会把女儿嫁进来，所以狭窄的选择范围使得东乡族父母不得不在子女还小的时候就要为他们的婚事筹谋考虑。现在，定娃娃亲的情况已经大为减少，但东乡族早婚的习俗却没有改变，尤其是早婚的女性大量存在。在婚姻的决定方式上，东乡族一直奉行的是"父母之命，媒妁之言"或"男婚女嫁，父母做主"的惯例。不管是男性还是女性，对自己婚姻的选择权和决定权都很有限，大多

---

① 费孝通：《乡土中国 生育制度》，北京大学出版社，1998，第40~42页。
② 徐安琪：《世纪之交中国人的爱情和婚姻》，中国社会科学出版社，1997，第69页。
③ 潘鸿雁：《国家与家庭的互构——河北翟城村调查》，上海人民出版社，2008，第82页。

数人都是经过媒人介绍，然后由父母包办。当然，现在完全由父母包办的情况已经有所改善，媒人通常先和父母说，父母觉得差不多了会征求子女的意见。东乡族的男女在结婚之前是互相不能见面的，都是直到结婚才能见到对方的"庐山真面目"，一切都只能选择依靠媒人（据调查对象讲，东乡族的媒人80%都是男性）和相信媒人。下面的4个个案可以帮助我们了解东乡族的婚姻缔结情况。

个案1：我和老伴儿认识的时候有媒人介绍，结婚之前都没见过面。

个案2：我记不清楚是几几年结的婚了，反正我是25岁的时候结婚的，是经过媒人介绍的，我们东乡都是介绍的。我们俩从介绍到结婚中间大概隔了5年的时间，主要是因为介绍的时候她小嘛，只有9岁。当时媒人和母亲说了以后，也不用征求我们的意见，母亲同意就行了，我们那时候就是母亲同意就行了。

个案3：我那时候不在家，是媒人介绍的，给我父母说的，结婚之前也没见过，把她娶到家我才见到她的。当时决定这个事情的时候父母倒是问我的意见了，但是那个时候我做不了主，只跟我说了一下，那个时候是我父母和大哥做的主。

个案4：我跟她是媒人介绍的，当时媒人先给我父母说的，然后父母就跟我商量，我们结婚之前也没见过。

这种结婚方式，虽然有着"盲婚哑嫁"的性质，但生活在这里的祖祖辈辈的人，都是这样过来的。他们虽然没有轰轰烈烈的爱情，但因为一些已经根深蒂固的观念，不管是男性还是女性，都对自己的角色、职责、权利、义务等持着积极乐观的态度，所以，虽然生活平淡，但婚姻却保持着稳定。

二　大稳定、小危机

"半漂式流动家庭"由于丈夫流动而对夫妻感情产生的冲击比"全漂式流动家庭"大很多，"全漂式流动家庭"虽然生活环境完全改变，但家庭成员毕竟能够完整地生活在一起，而"半漂式流动家庭"却由于丈夫的外出，造成夫妻之间情感交流方式的改变，进而影响夫妻感情及婚姻稳定。

在岭村，丈夫外出后，夫妻之间由原来日日相见、面对面的直接交流和沟通方式转变为远距离电话或手机的间接沟通与交流方式，甚至还有人告诉笔者家里如果没有事他们可以好几个月不打电话，只等丈夫偶尔回家的时候才见面以及交流。笔者对岭村41户"半漂式流动家庭"进行的问卷调查显示，夫妻之间的交流频率较低，10天打一次电话的夫妻占总数的48.8%，一个月打一次电话的占22.0%，一个月以上打一次电话的占12.2%，一周以内打一次电话的仅占17.1%。每次电话交流时间较短，交流时长为10分钟以内的有25对夫妻，占总数的61%；交流时长为10~20分钟的有16对夫妻，占总数的39%；交流时长为1小时及以上的则为0对夫妻。交流内容涉及情感性的话题较少，只有3对夫妻的电话交流内容涉及情感，占总数的7.3%，涉及家庭事务性的对话比较多，有92.7%的夫妻交流内容为家庭的重大事情、日常琐事、家里的农活、孩子和老人的情况等。下面几个个案的回答比较具有代表性。

个案4：我老婆没手机，家里也没有固定电话，我平常在外面和她没联系，基本上就是两三个月我回家一次看看。

个案8：我有手机，和"掌柜的"联系有时候两三天一次，有时候一两天一次，有事情的时候就打，没事情的时候就不打。没事情的话就一两个星期打一次。

个案11：我老婆有手机，平常她给我打的次数比较多，她一般就是家里有什么事和我说一下。最多一个礼拜打一次，每次时间也不一定，就看事情多还是少了，平常的话两三分钟就结束了，也就是说些家里的、父母的、地里的情况。

个案20：我打工的时候车费才七八块，早晨去下午来也可以，经常跑着呢。家里虽然没电话但村里有电话，一般就是家里有事她给我打，外面有事我给她打，跟她商量一下，比如什么东西要不要买啊，这个要不要做那个该怎么做。时间也不确定，有钱就一两天打一次，没钱就十几天打一次。现在到兰州车费有三十多，那时候便宜，随时过来随时过去。

夫妻日常沟通基本内容包括两个层面：其一是夫妻间的相互适应和更新夫妻情感，包括生活习惯的相互适应、个性的相互适应、双方不断创造新的生活情趣以缩小差距；其二是处理各种冲突和紧张，包括处理夫妻自身之间的冲突和紧张，处理夫妻双方亲属之间的冲突和紧张，处理夫妻共同面临的职业生活与家庭生活之间的冲突和紧张。有效的夫妻沟通是提高婚姻质量的根本突进，是促进夫妻关系和谐的调节器，是加深夫妻了解、增进夫妻感情的重要机制。[①] 而在这些"半漂式流动家庭"中，由于丈夫外出打工或做生意，夫妻的空间距离拉大，且夫妻之间互动减少，人际交往范围不同，日常沟通不足，尤其是缺乏感情上的沟通，这必然会影响夫妻之间的感情，甚至会导致夫妻冲突或矛盾增多并进而影响婚姻和家庭的稳定性。

从人们的主观评价来看，41 户"半漂式流动家庭"中认为在丈夫外出后夫妻关系"越来越亲密"的有 22 人，占 53.66%，认为"没有变化"的有 14 人，占 34.15%，还有 4 人选择"说不清楚"，1 人选择"越来越疏远"。可见，岭村村民的这种季节性外出，对夫妻关系的影响既有积极方面也有消极方面，但冲突和不协调只是极少数的，也只有一家因为丈夫外出，夫妻感情破裂，婚姻面临解体。总体来说，大多数夫妻的感情在丈夫外出前后都比较稳定，积极影响大于消极影响。就像有学者说的，夫妻关系的变化和外出者的就业目的、就业特点始终相关，大多数夫妻关系都秉持外出就业是暂时的、不稳定的观念，他们在外面挣够了钱最终还是要回家的。而且，大多数的流动都为男性个人外出，他们的父母、妻子、子女还在原籍，他们在外面的辛苦都是为了将来在老家的好日子，他们的暂时外出是为了以后的"不外出"。这样的共识、主观认识，以及外在的客观约束（农村的社会舆论、传统观念等）都在一定程度上确保了夫妻关系的稳定。[②]

对于那 10 户"全漂式流动家庭"来说，有 8 户都觉得夫妻感情比以前在农村的时候好了。笔者认为，一来是因为来到陌生的城市生活，没有亲戚、没有朋友、人生地不熟的，遇到挫折和困难的时候只有家人陪在身

---

① 赵孟营：《新家庭社会学》，华中理工大学出版社，2000，第 100～101 页。

② 周伟文、严晓萍、刘中一：《生存在边缘：流动家庭》，河北人民出版社，2002，第 91 页。

边，尤其是配偶的支持显得更为重要，因此，在这种情况下，夫妻之间更多的是互相关心和体谅，而较少争吵；二来是因为那些进城的村民知道自己来城市就是为了让家人过上好日子，所以共同的奋斗目标使得夫妻紧密联系在一起，为了这个奋斗目标，他们比在农村要更努力、更辛苦、更拼命，因为如果他们有一丝一毫的松懈，就会被快节奏的城市生活所抛弃，就无法在城市立足，生存下去，所以他们的身体和精神都比在农村更累，根本无暇顾及个人感情方面，所以也就很少争吵或根本没有余力争吵。龚维斌通过调查也指出，已婚家庭成员外出就业是为了家庭整体利益而做出的理性选择，已婚夫妻共同外出，在面对外部艰辛的环境时，同甘共苦、患难与共的经历更增加了夫妻之间的理解，更增强了夫妻内部的情感关系。[1]

通过以上对"半漂式流动家庭"和"全漂式流动家庭"中夫妻情感关系的分析，我们看到，这些夫妻在流动过程中面对各种外部困难与压力反而使夫妻关系变得更加稳定与巩固。"农民工夫妻关系能够得以有效维系，深层次原因是家庭本位的文化价值观。家本位文化强调家庭成员对家庭的贡献，对家庭的义务，强调家庭关系的和谐。农民工夫妻内化了家本位文化，表现在他们在处理个人与社会（家庭）关系时，强调家庭整体高于个人；强调个人对家庭的责任与义务。他们在生产生活中尽职尽责，突出家庭自我忽视个人自我……家庭在中国人心目中具有无与伦比的价值。"[2] 因此，为了家庭的稳定性，个人的情感和利益是可以忽视的，这也是流动家庭夫妻关系经过调适之后所必须做出的退让和付出的代价。

---

① 龚维斌：《农村劳动力外出就业与家庭关系变迁》，《社会学研究》1999 年第 1 期。
② 罗小锋：《时空伸延：半流动家庭中的夫妻关系维系策略》，《内蒙古农业大学学报》（社会科学版）2011 年第 2 期。

第六章

流动家庭内部关系：亲子关系[*]

亲子关系，即父母子女关系，它是直系血亲关系在家庭人与人之间的具体表现。亲子关系既包括自然血亲关系，也包括法律上的收养关系，它反映的是一种纵向的代际关系。美国社会学家古德曾指出：如果说"家庭是由父亲、母亲和孩子组成的一个社会单位，那么成年人与其子女有着亲子关系是形成家庭的一个条件"[①]。中国人注重家庭和家族的繁衍、生息，认为"不孝有三，无后为大"，因此亲子关系一直在传统家庭中占统治地位。[②] 亲子关系的特征可以从两个方面来理解：（1）夫妻的抚养和教育对子女社会化具有重要作用；（2）子女对父母的尊敬和赡养具有重要意义。[③] 本章主要从抚育子女和赡养老人两个方面探讨家庭成员流动前后亲子关系的变化及存在的问题。

第一节　抚育子女：困境与希望

传统东乡族社会一般喜欢多生孩子，"重男轻女"思想严重。"比如说，在日常的生育民俗中，生了男孩之后仪式隆重、举家欢庆，生了女孩之后则仪式简单，低调处理。再比如说，在民间谚语中，则有'黄金送入土，白马套龙头，祸害嫁出去'之说。其中，'黄金'指老人，'白马'

---

[*] 本章部分内容发表于《西北民族研究》2013年第3期、《民族论坛》2013年第5期、《民族论坛》2015年第9期。

[①] 威廉·J. 古德：《家庭》，魏章玲译，社会科学文献出版社，1986，第11~12页。

[②] 周伟文、严晓萍、刘中一：《生存在边缘：流动家庭》，河北人民出版社，2002，第113页。

[③] 丁文：《家庭学》，山东人民出版社，1997，第240~258页。

指年轻男性。而贬义词'祸害'则指未婚的女性，女孩被认为迟早是'别家的人'、'亲戚'，因而嫁出去的越早越好。"① 在这种思想的影响下，家长对子女采取了不同的抚育方式：让男孩接受教育（虽然也未必每一个男孩都能上学，上了学的也未必都能始终如一地坚持下来），女孩则在家庭和不成文的乡规约制下学习妇道，做家务、干农活。

有学者调查显示，东乡族女性未上过学的占调查总体的 83.0%，小学文化程度的占 10.5%，两部分相加占总体的 93.5%。② 在同等条件下，家长一定是先考虑男孩上学问题的。在我们的调查中遇到一个小姑娘，她的爷爷因为给两个儿子结婚，借了很多外债，压力太大而引起精神问题。爷爷经常拿自己的头往墙上撞，所以身边必须随时有人，而奶奶的年龄比较大了，一个人照顾不过来。面对这种情况，家里在她与弟弟之间，选择了让她辍学，让弟弟继续上学。还有的家长则这样说"嫁出去的女儿泼出去的水，上那么多学没什么用，都是给别人投资"。就是有些女孩自己，也深受这种观念影响，怕成为家里的拖累，早早就不上学了，在家里帮忙做家务，直到自己嫁出去。杨姑娘就是这样一个例子，在外婆家上到了二年级之后就坚决不念了，家里人也劝不了，现在大约 13 岁，无法用普通话和我们进行交流。

一 "半漂式流动家庭"：父亲缺位

社会心理学认为，家庭的重要性主要表现在以下三个方面：一是童年期是人的一生中社会化的关键时期，而在这一时期，儿童主要生活在家庭中；二是儿童在童年期对家庭的生理和心理依赖是一生中最强烈的时期；三是家庭在整个社会结构中占据着独特的地位。③ 费孝通先生曾在《生育制度》中这样论述："人类创制这家庭的基本结构，目的是在解决孩子的抚育问题，使每个孩子能靠着这个社会结构长大，成为可以在社会中生活

---

① 翟存明：《关于唤醒少数民族女性自我意识的几点思考》，《西北民族大学学报》（哲学社会科学版）2009 年第 5 期。
② 景晓芬：《少数民族女性的社会支持网络研究——以东乡族为例》，《安徽农业科学》2011 年第 11 期。
③ 周晓虹：《现代社会心理学——多维视野中的社会行为研究》，上海人民出版社，1997，第 133～134 页。

的分子……人类的抚育作用有两个基本特征：一是孩子需要全盘的生活教育；二是这教育过程相当的长。孩子所依赖于父母的，并不是生活的一部分，而是全部……全盘的生活教育只能得之于包含全盘生活的社会单位。这单位在简单的社会里是一男一女的合作团体，因之，抚育作用不能由一女一男单独负担，有了个母亲还得有个父亲。"① 日本学者望月嵩也说："孩子在成长过程中，需要两个必不可少的因素。一个是被称为'慈祥教育'的爱护，另一个是被称为'锻炼训导'的训练。爱护的基本内容，就是对孩子的一切都进行保护，使孩子和父母一体化的'母性原理'。而训练，则是教给孩子如何区别是非善恶，教导孩子能够与父母分离而自立发展的'父性原理'。这两种原理，由孩子的母亲和父亲分别实施，就像车之两轮协调运行，孩子的社会化过程才能够顺利进行下去。"② 在岭村，随着丈夫外出打工，照看孩子成为妻子的一项重要家庭任务，父亲的缺位对父子关系、儿童抚育及正常社会化产生了深刻影响。

朱俊卿通过亲子间的情感交流和行为交往两个基本维度考察了农村的亲子关系。他在河南农村选取了66名被试，通过半结构访谈，分析了我国农村的亲子关系模式和特点。研究发现，"农村亲子间的亲密度低，亲子依恋不强，亲子交往的频率低；农村父母对子女有偏爱现象，更加偏爱男孩和排行靠前的孩子；农村儿童对母亲更加信任和依恋，有心里话愿意对妈妈说者也极显著地多于愿意对爸爸说者，农村儿童有很大的恋母倾向，更加亲近母亲"③。一般学者将"孩子是否跟父母说心里话"作为衡量双方情感交流亲密度的指标；用"孩子跟谁亲"作为衡量农村儿童对父母依恋程度的指标；用"子女中哪一个更讨人喜爱"作为衡量父母对子女关爱平等程度的指标。至于行为交往，则用父母对子女的言行举动知道多少作为衡量亲子关系亲密度的指标。④

笔者依据这些问题，对岭村的"半漂式流动家庭"的亲子关系做了问卷调查，结果如下：在回答"是否跟父母说心里话"这个问题时，有

① 费孝通：《乡土中国　生育制度》，北京大学出版社，1998，第190、122～123页。
② 望月嵩：《家庭关系学》，牛黎涛译，中国大百科全书出版社，2002，第35、41页。
③ 朱俊卿：《农村亲子关系特点的定性研究》，《周口师范高等专科学校学报》2001年第5期。
④ 潘鸿雁：《国家与家庭的互构——河北翟城村调查》，上海人民出版社，2008，第94页。

32.5%的孩子选择"不说"，有67.5%选择"说"；在问到"如果说，会跟谁说心里话"时，有59.3%的孩子回答"跟母亲说"，"跟父亲说"的占18.5%，"跟其他人说"的占11.1%，"跟父亲母亲都说"的占11.1%；在回答"跟家里哪一个人最亲"时，有51.9%的孩子选择"跟母亲亲"，14.8%的孩子选择"跟父亲亲"，18.5%的孩子选择"跟爷爷、奶奶亲"，还有14.8%的孩子选择"跟父母亲一样亲"；当问到父母亲"您了解孩子的内心世界吗"时，有42.5%的父母回答"了解"，12.5%的父母回答"不了解"，而45.0%的父母回答"不太了解"；当问到"您能说出自孩子上学以来，所做的最让人高兴的三件事和最让人不高兴的三件事吗"时，有47.5%的父母回答"记不得"，45.0%的父母回答"能说出"，还有7.5%的父母回答"不知道"。可见，岭村"半漂式流动家庭"中，亲子间的情感交流少，交流的程度不够深入，而且孩子跟母亲的关系明显比跟父亲亲密。这与父亲经常外出、父子之间交流较少密切相关。

亲子之间的交流形式，由原来父亲在家时直接面对面的互动，变为现在远距离打电话等间接的互动，并且频率下降。亲子之间的交流内容单一，渠道狭窄。在简短的通话中，父亲只能用寥寥数语来询问一些自己最关心的问题，比如子女的学习情况以及身体健康等，而根本无暇顾及孩子的内心世界。有的父母因忙于自己的工作或生意，往往对孩子的教育采取两种极端的方式：不是放任自流、不管不问，就是非常专制，缺少民主气氛。2004年，国际计划（中国）与中国农业大学人文与发展学院/国际农村发展中心合作对陕西省、宁夏回族自治区、河北省和北京市的10个村展开调查，内容是对父母外出务工家庭留守儿童的研究。统计结果显示：有88.2%的留守儿童只能通过打电话与父母联系，其中53.5%的人通话时间大多都在3分钟以内，并且64.8%的留守儿童是一周以上或者更长的时间才能与外出的父母联系一次，有8.7%的儿童甚至与父母就没有联系。① 我们在岭村的调查也印证了这点。丈夫外出后，与妻子的联系大为减少，"有事才联系，没事不联系"是常态，对子女也更多的是通过电话问候一下，有的甚至连电话也不打，只是通过照顾这些留守儿童的成年

---

① 叶敬忠、詹姆斯·莫瑞：《关注留守儿童：中国中西部农村地区劳动力外出务工对留守儿童的影响》，社会科学文献出版社，2005，第36~39页。

人了解情况。

父亲的缺位，使得母亲的重要性凸显，虽然她们在家庭中并非具有绝对权威，但她们却是儿童在最初社会化过程中最亲近的人。然而，受东乡族社会一直以来"重男轻女"观念的影响，大多数女性根本未能接受正规学校教育，她们对于自己子女的上学、受教育问题也大多不会有更高的积极性和认识，她们只是在生活上照顾子女吃饱穿暖，却不懂如何教育子女，如何在学习和精神上给予子女实质性的引导和帮助。另外，由于家中男性的外出，女性需要承担更多的农业生产劳动与家务劳动，家庭劳动力的不足以及东乡族传统的"男主外，女主内"的家庭分工模式，使得家中的女孩很早就要成为母亲的助手，帮助母亲操持家务。这些女孩跟在母亲身边，从小就被教育"女子无才便是德"，书可以不读，家务却不可以不会做的道理，她们一生最重要的事就是学会遵守妇道、孝敬公婆、节俭持家。这样的抚育方式，这样为了家庭生存与发展的"策略性"选择，影响了一代又一代东乡族女性的发展。

国外的一项调查表明，在道德判断和价值观念方面，父母与子女的相关性是 0.55，教师与学生的相关性是 0.03，父母对子女的影响比教师大得多。[①] 不当的亲子关系或消极的亲子互动，会导致一系列青少年问题。子女在社会化的过程中，社会规范、基本技能的学习和掌握，都需要父母的亲情鼓励和支持。人是社会性的动物，孩子们也不例外，在其成长的过程中，更需要长辈及同辈的关心和温情。[②] 因此，父亲外出后，虽然家庭的经济状况得到了改善，为子女提供了更好的物质条件，但对子女在思想、感情、知识等方面的关注和交流却减少了。儿童缺少了来自家庭尤其是父母双方的精神支持，这会影响他们的社会化及健全人格的形成。"据调查显示留守儿童与非留守儿童相比，焦虑和抑郁水平更高。一些基层教育工作者认为，留守儿童出现自闭、早恋、愤怒等情绪，父母不在身边，异常心理动向难以被监护人发现。此外，很多农村留守儿童在童年、少年时离开父母，无法体会父母外出打工的艰辛。由于对寄养教育或隔代教育的不满，留守儿童对父母产生抵触情绪，因此亲情缺失，情感冷漠。心理学专

---

① 袁敏：《关于教育、家庭教育和家庭德育教育的思考》，《教育科学研究》1990 年第 4 期。
② 潘鸿雁：《国家与家庭的互构——河北翟城村调查》，上海人民出版社，2008，第 99 页。

家指出，漠视亲情的青少年走上犯罪道路的可能性高于普通青少年。"① 这些严峻的社会问题，要求我们必须关注留守儿童的社会化，改善留守儿童的生存状况。

二 "全漂式流动家庭"：伤痛与希望

在岭村，能随着父母一起进城，在城市念书的孩子毕竟是少数。但他们是幸福的，他们不用和父母分离，可以享受父母共同却不一样的关怀和照顾，他们是幸运的，尤其是女孩，他们的父母接受了城市的"洗礼"，眼界开阔，思想开明，对男孩、女孩的教育一样重视和支持。在我们的调查中就遇到两个来自不同家庭的女孩，她们一个上高二，一个上初二，而这样的年纪，在岭村往往已经嫁做人妇了。

有学者通过实地调查，对流动儿童与留守儿童的社会化过程进行了比较，分析结果发现：在智育社会化与生活社会化方面，流动儿童与留守儿童不存在显著差异；在身心健康、知识面广度方面流动儿童优于留守儿童；在人际关系方面留守儿童优于流动儿童，总体社会化结果上流动儿童优于留守儿童。② 也有学者利用抽样调查资料，对流动子女与留守子女亲子关系进行了比较与分析，研究结果发现，流动子女亲子关系要比留守子女亲子关系和谐，农民工在进城过程中，将子女带进城，留在自己身边，比留守在家乡，更有利于亲子关系和谐，促进小孩子的健康成长。③ 而笔者通过在兰州市的实地调查与走访，也有相似的收获与发现。那些"全漂式流动家庭"中的父母，他们虽然既没有精力也没有能力辅导子女的学习生活，但大都比较在意孩子的学习成绩，对子女的学业有更高的期望，他们大多希望孩子将来能上大学，并能在城市找个好工作；而那些"半漂式流动家庭"中的父母，即使有这样的想法，也因为农村教育条件、教学设施的落后以及现实困难而被迫打消，他们大多对子女上学采取的是顺其自

① 曹俪文：《关注西部农村留守儿童——基于甘肃省农村留守儿童的教育及生存现状的分析》，载甘肃省人口和计划生育委员会编《2008 年甘肃人口发展论坛优秀论文集》，甘肃人民出版社，2009，第 117~118 页。
② 王水珍、刘成斌：《流动与留守——从社会化看农民工子女的教育选择》，《青年研究》2007 年第 1 期。
③ 许传新、陈国华、王杰：《亲子关系："流动"与"留守"子女的比较》，《中国青年研究》2011 年第 7 期。

然、不强求、上到哪种程度算哪种的态度。那些"全漂式流动家庭"中的孩子，他们大部分都能在城市上好的学校，接受良好的教育，他们更加自信、热情，对未来有明确的目标，即使是那些只有四五岁的孩子，也能用一口流利的普通话回答我们的问题；而那些"半漂式流动家庭"中的孩子，他们大部分人都只上到小学或初中就不上了，女孩留在家里，帮助母亲做家务并准备嫁人，男孩则像父亲一样，也进城打工，父母辈的命运在他们身上继续重演。

　　然而，和"半漂式流动家庭"一样，"全漂式流动家庭"中父母对子女的抚育也有自己的伤痛所在。问题不是在"抚养"，而是在"教育"。这些"全漂式流动家庭"本身家庭教育资源缺乏，一些家庭的孩子，还因为各种各样的限制，甚至没有办法在城市正常接受学校教育。根据笔者在兰州市的实地调查，发现存在这样几种情况。一是经济方面的原因。受户籍制度影响，虽然学生处于九年义务教育阶段，但由于非本地户口，异地入学需要一次性缴纳较高的赞助费，对于有些"全漂式流动家庭"来说，这是一笔无法承受的支出。二是社会关系方面的原因。对流动人口来说，城市基本上还是一个陌生人社会，他们没有广阔的人脉关系，即使有的流动家庭可以负担昂贵的入学费用，也缺少能与学校"牵线搭桥"的关系人。三是校方的原因。有的学校为了保证自身的教学质量和教育水平，对于招收学生有着严格的入学考试限制，流动人口子女因学龄前教育较少或几乎没有，无法达到校方要求，因而多数遭到拒绝。四是流动家庭生活圈方面的原因。即使有些学校愿意接受流动人口子女，即使有些流动家庭能支付昂贵的入学费用，可是却因为这些学校远离他们的生活圈和活动区域，家长没有办法保证对子女的接送，因此，也造成一些流动家庭的适龄儿童无法在城市中按时接受九年义务教育。

　　第六次全国人口普查数据显示，当前有 2.3 亿农民工进城务工，跟随他们进城的流动儿童大约有 2000 万名。这些居住在城市的流动儿童面临着教育、贫困和社会边缘化等诸多问题，直接影响着他们的行为、心理和职业技能的发展。今天的流动儿童，就是未来所在城市的新市民和劳动力。因此，关注他们，关系到所在城市的经济社会发展和稳定。

第二节　赡养老人：理想与现实

在我国传统社会，亲子关系是反映家庭本质、代表家庭关系主要方面的人际关系，它的基本特征主要表现在：在结构上，纵向重于横向，横向靠纵向支配和维持，即亲子关系重于夫妻关系，夫妻关系靠亲子关系维持；在观念上，崇尚孝道，崇拜祖先，子辈对父辈绝对服从，甚至是"父要子亡，子不能不亡"；在功能上，以传宗接代为本，亲子互为依附，抚养、赡养天经地义。①

一　传统：均衡互惠的反馈模式

费孝通先生曾经对中西文化在亲子关系上的差别做过对比，他认为，在西方，亲子关系是"接力模式"，即甲代抚育乙代，乙代抚育丙代，一代一代接力的模式。在中国，亲子关系则是"反馈模式"，即甲代抚育乙代，乙代赡养甲代，乙代抚育丙代，丙代又赡养乙代，是下一代对上代都要反馈的模式。两者最根本的不同就是子女有无赡养父母的义务。但是，从总体和长远来看，两种模式却都贯彻了成员间来往取予之间的均衡互惠。所以，两种模式都能维持，不发生"不均"的隐忧。②

中国传统社会是农业社会，农业经济和建立在父权制家庭基础上的农业文明为"反馈模式"提供了存在的可能和发展的空间。瞿同祖在《中国法律与中国社会》中曾对中国的家族父权制情况做出过较为完整的说明，他认为，中国的家族是家父家长制（Patriarchy）的，一切权力都集中在父祖手中，他是统治的首脑，不仅家族中所有人口都在他的权力之下，经济权、法律权、宗庭权也在他手里。同时，中国的家族都以祖先崇拜为中心，家长权因其主祭人的身份更加神圣，更加强大坚韧。同时，由于法律的承认和支持，他的统治权更加稳固。③

---

① 徐春莲、郑晨：《屋檐下的宁静变革：中国家庭 30 年》，广东高等教育出版社，2008，第80 页。
② 费孝通：《家庭结构变动中的老年赡养问题》，《北京大学学报》（哲学社会科学版）1983年第 3 期。
③ 瞿同祖：《中国法律与中国社会》，中华书局，1996，第 5 页。

　　因此，古代社会非常强调子女对父母无条件地服从，强调孝。《孝经·圣治章》说："父子之道，天性也。"又说"天地之性，人为贵，人之行，莫大于孝"。孝为天地生人所具，因而孝是天性的自然流露，是人的最高道德，为人子必须孝敬父母。"父慈子孝"是中国传统社会理想的家庭关系模式，它不仅反映了父母与子女之间自然、深厚、淳朴的爱，而且体现了父母与子女之间"反哺"式的双向义务伦理实质，是父子血缘天性的伦理升华。①

　　东乡族文化类型的产生，离不开它特定的自然条件和社会历史条件。从地理环境看，东乡族聚居区地处黄河及其支流洮河和大夏河的分水岭区，为封闭状态下的黄土丘陵地带。从物质生产方式看，东乡族文化植根于农业社会的基础之上，封建的小农经济格局已有数百年的历史。从社会组织结构看，其也一直处于中国宗法专制制度的层层网络之中难以自拔。因此，在这个特定历史条件相互影响和制约下，东乡族文化类型也只能包含在伦理类型的中国传统文化的大范围之内。

　　在东乡族中，尊重老人被视为天职，是晚辈做人的最基本的品德，俗有"孝敬父母，是半个依麻呢"（信仰）之说。"东乡族谚语'前檐的水咋流，后檐的水就咋淌'；'若要求事顺，必先孝爹娘'，生动地道出了孝敬父母的伦理道德要求和准则。在父母和长辈的衣食住行方面，要尽力照顾得全面周到，更不能惹长辈生气。晚辈出门回家后，第一件事就是给长辈说'赛俩目'（问安）。晚辈若要干一件重要事情，须先请示老人，讨取老人的'口唤'，即听取他们的意见，若同意后方可付诸实施；反之，就不能做这件事。"② 在日常生活中，青年见长辈时，坐着的要起立，在家就餐，无论倒茶、递饭都要双手呈送，老人品尝以后，晚辈始可就餐。在东乡族中还流传有"不孝顺父母，不能'脱离'"（意即人亡故后，灵魂依旧脱离不了尘世，变成鬼，也永远遭到人们的谴责）的说法，反映了东乡族的孝悌观念较为浓厚。③

① 洪彩华：《试从"反哺"与"接力"看中西亲子关系》，《伦理学研究》2007 年第 2 期。

② 熊坤新、什木逊·马守途：《东乡族伦理思想管窥》，《新疆师范大学学报》（哲学社会科学版）2007 年第 2 期。

③ 汪佐礼、白鲸：《试论东乡族伦理道德思想观念》，《西北民族学院学报》（哲学社会科学版）1998 年第 3 期。

在岭村，养老模式主要还是家庭养老，这种养老模式使父母对子女总会有一种依赖和眷恋。至今，"养儿防老""传宗接代"等传统观念在这里还有较大影响。

二　现实：不均衡的代际倾斜

在传统中国农村，老年人因其拥有土地、资金、房屋等生产生活资料，因其积累了丰富的生产实践经验，有传统孝道文化以及各种家规、法律等制度因素的保护，同时他们作为家庭财富的主要创造者，其在家庭中的权威毋庸置疑。在犁耕文明背景下，这种家长制有其存在的合理性和必然性。家庭作为子代生命的来源以及生存的依托，使得家长可以通过集权和专制权威来处理各种家庭内部关系，家庭成员要生存就有必要向家长交出自己的自由。[1]

现代社会则不同了。改革开放以来，家长和权威在家庭的权力结构中开始出现分离的趋势，老人虽然仍是一户之主，但年轻又能干的子辈开始独立决断一些事情，同时家庭内部的一些事情上的决策权也开始向他们倾斜。这种家长和权威的分离趋势在流动人口家庭中表现得更为突出。这可以从两个方面来分析：一是一些家庭流动到城市后，异地而居使得许多老人的权力鞭长莫及，就是想管也没法管，于是，慢慢地在这些家庭的决策中老人的位置越来越可有可无；二是一些老人看到子女在外出谋生的过程中，确实开阔了眼界，增长了见识，也就主动"让贤"。[2] 当然，我们也必须看到，实际上男性家长权力的衰微一直贯穿于现代化过程之中，即使没有发生大规模的人口流动，建立于辈分之上的父权也在不断衰微，流动只是加剧了这一过程而已。[3] 很多岭村的年轻人虽然同和父亲在兰州打工，却不愿意和他们住在一起。村里的一位年轻人这样告诉笔者："我和我父亲虽然都在兰州打工，但没有在一起住，我自己租房住着呢，一个月两百左右。我觉得两个人住在一起不好，别人的话倒还好说，我不愿意跟父亲住，感觉各方面都不方便。"而旁边的村支书也说，现在的年轻人不喜欢和

---

① 周伟文、严晓萍、刘中一：《生存在边缘：流动家庭》，河北人民出版社，2002，第 92 页。
② 周伟文、严晓萍、刘中一：《生存在边缘：流动家庭》，河北人民出版社，2002，第 160 页。
③ 金一虹：《流动的父权：流动农民家庭的变迁》，《中国社会科学》2010 年第 4 期。

老人在一起了。人口流动、分家行为既加剧了父权的衰落，也在无形中改变了父辈与子辈的关系，进而导致农村家庭养老观念和养老模式的改变。

分家一般指的是已婚兄弟间通过分割财产，从原有的大家庭中分离出去的状态和过程，分家当用作名词时通常表示由一个家庭分为两个或两个以上家庭后的状况。① 至于分家的时间，有学者认为是在家长死后，有的学者则认为并不一定都在家长去世后。王跃生对 18 世纪中国家庭的研究发现，一定数量的分家发生在父母在世时，约占调查总数的 45.70%。其中父亲在世时的分家大概占调查总数的 1/5。从一项对清代至民国时分家文书的统计来看，166 个分家文书，父母一方在世时进行分家的占 60%，父母双方去世后的占 34%，提早或以其他方式分开的占 5%。父家长在世时分家既有因为生活压力所迫的，也有应子女要求的。从总体上看，家庭如具有一定土地等财产，父家长在世时子弟的分家会受到压制，但压制并非总是有效，压制也非禁止分家。②

东乡族在传统上偏向于大家庭生活，一般不会分家，直到父母无常后才开始另立门户，就是到现在，从岭村的户籍登记上的 185 户家庭来看，还有 32 户是联合家庭，占 17.3%，80 户是主干家庭，占 43.2%。但是，随着现代小家庭生活方式的不断冲击，终是"树大分枝，鸟大分窝"。岭村村民也逐渐接受了父母健在的时候就给儿子们分家的现状。至于岭村的具体分家方式以及分家原因可以通过下面几个个案看出梗概。

　　个案 10：我大哥什么时候分的家，我也记不清了，我那时候小嘛。我们就是老二结婚，老大出家，老三结婚，老二出家了（结一个走一个，第二个结了才走第一个）。因为我们这个农村里等到全部结完了也没有什么财产，地就是那么多地，分给他 3 亩也好 2 亩也好，盖一些简易的房子，两三间也好，单另做上，家里面矛盾少一点呗。哪个媳妇多了，矛盾大得很嘛，就这样分了，好一点嘛，我们主要考虑的是这个。

　　个案 12：我们当时结婚的时候和父母一块住了六七年，我在家里

①　麻国庆：《家与中国社会结构》，文物出版社，1999，第 40 页。
②　王跃生：《20 世纪三四十年代冀南农村分家行为研究》，《近代史研究》2002 年第 4 期。

排行老二，我结婚的时候我哥分家了，我两个兄弟还没有媳妇。我们是这样的，老大娶了媳妇先在家里住着，等老二娶了媳妇老大就搬出去，等老三娶了媳妇老二就搬出去，就是娶一个出一个这样的，老人家里人多的话负担重得很。

个案15：基本上是结一个分一个，家里面人太多了，弟兄也拉不杂（就是弟兄过不到一块去，不和的意思），提前这样分好一点，不伤心嘛，这个时间长了两个害怕伤心着，害怕合不来。

对于分家，无论是年轻人还是老年人，大多数人都觉得可以接受，因为分家既可以避免双方朝夕相处带来的冲突和摩擦，又可以明确双方的义务。首先对年轻人来说，现在外出打工的收入远远高于传统的农业生产的收入，他们实际上在创造家庭财富上比他们的父母更有优势，他们的贡献多会以现金收入的形式表现出来。分家削弱了父母控制家产的能力和权威，而使得年轻人更易发展自己的小家庭经济，增强了他们的经济自主能力，尽管最初他们可能会困难一点。其次对老年人而言，分家可以避免儿子外出打工可能导致的婆媳或翁媳关系紧张。媳妇是别家长大进门的，原本同公婆没有亲密关系。丈夫一旦外出打工，媳妇与公婆之间沟通的桥梁就被拆除，双方因生活习惯、代际差异等，总会有这样或那样的隔阂。[1]

岭村的养老问题基本上是在家庭中得到解决的，一般实行幼子继承制，最小的儿子会一直留在父母身边，并为父母养老送终。但在实际生活中，少数家庭也会因为经济方面的原因存在由多个儿子轮流赡养老人的情况。个案1和个案9的情况就是代表。

个案1：两个儿子分家已有十年过了，都是结婚之后住了一两年分的家，老伴儿因为在给儿子娶媳妇时借了很多钱，操劳太多，所以得了病，总害怕有人来追债，总恐慌着，弄得家里经济负担大，也影响家人精神状况。不算孩子的债，光老伴儿的债就一万多。老伴儿病还没严重之前，我们老两口在两个儿子家里轮流住上一两年。主要是因为小儿子家庭情况也不是很好，需要两个人出去打工，孩子也小，

---

① 潘鸿雁：《国家与家庭的互构——河北翟城村调查》，上海人民出版社，2008，第109页。

所以要求我过去帮忙看孩子，后来孩子大了，儿媳妇也不出去打工了。因大儿子家里也不好，出去打工孩子没人看，想让我帮忙看孩子，所以主动要求的，小儿子也没反对。后来周围的邻居们给了些点子，说互相帮忙照顾，不然一个家庭会负担太重，两个儿子也比较孝顺，没有嫌弃，就这样一个儿子住几个月，轮流住了，算是共同提出来的。

个案9：现在我们家老人是轮流养着呢，在我这里他想住上一两个月，再去我哥哥、弟弟家也住上一两个月。老人一年到头都和儿子住，没有自己住的时候，反正随他们高兴，有时候就我这山上凉一点，他就多住一点，冬天楼上暖一点，就多到我哥家住一点楼房。

岭村的女儿没有赡养父母的义务，当我们就这个问题问到村民的时候，普遍的回答都是：

我们这儿女儿没有赡养老人的义务，比方说我们要是生病的时候她们会来看一下，但是只是带一些东西，钱是不会给的，给了也不能要。

女儿不用管父母，有时候她需要去看一看的就去看一看，没必要那就算了，姑娘嘛，嫁出去就都没了，就别人的人了。

我老婆的娘家父母不用我们管，人家有人家的儿子呢，我们管什么。如果没有什么事的话我一年最多去一两次，去的时候拿上点东西就行了，反正给他们钱他们也不要，我老婆比我去的次数能多一点，我要打工嘛。

当笔者问到村中一位中年留守妇女，"平常会给自己娘家的父母钱吗？"她的回答是："出去的女儿就不给钱，只有丈夫许了才可以，要是自己偷偷给是不好的事，所以一般不给。要是病了和丈夫一起去，给个二三百一二百的。"

除了幼子奉养制和女儿没有赡养义务之外，在岭村，赡养老人还有另外一些不成文的约定：（1）只有当父母不能自食其力时，子代才开始赡养；（2）小儿子负责照顾老人日常生活，一般不再另给生活费，其他儿子给不给则完全依据个人情况。

在岭村，父辈对子辈的付出要远远大于子辈对父辈的回报。父辈一直要抚养子女长大成人，还要为他们完婚，更要为儿子盖房子，这成为父辈农民一生中最重要的两件大事。为了准备婚事和为儿子盖新房，父辈不得不省吃俭用，压缩正常的生活消费，节衣缩食地为那短时期的"过分消费"做准备。我们从历年婚事花费的变化就能体会父辈压力的巨大。20 世纪六七十年代，岭村谁家娶个媳妇也就花几百元；到了 80 年代，这个数增加到了七八千元；90 年代，增加到了 12000 元左右；而到了现在，这个数已经增加到了七八万元。这对农村的家庭来说无疑是一笔巨额开销。就算子女都成家立业了，父亲还会下地干活或出去打工，自己挣钱养活自己，减轻子女负担，直到他们年老力衰干不动为止，才真正需要子女的赡养。有的父辈甚至因为儿子家人多，怕一起住着增加儿子负担，主动要求搬出去单过。而子辈对父辈的回报则多是提供一些简单的物质资源，如直接给一些钱、衣服、食物等，缺乏对老人精神上的安慰和照顾。陈俊杰将这种现象称为"代际倾斜"，其包含了三层意思：第一，在生理上，营养和生殖处于相克的地位，生殖是母体生命力的巨大消耗，所以费孝通先生称之为"损己利人的生育"；第二，在精神上，父母为子女（尤其是儿子）几乎倾注了全部的心血，但儿子在父母进入晚年时的"反馈"，却只是部分的和低水平的，在程度上远不如父代对子代的付出；第三，在经济上，儿子对父母的赡养，其程度也是不高的，稍高于温饱而已，远远低于家庭的收入水平。[①]

王跃生曾经把抚养子女的花费分为生活花费、教育花费、婚姻花费和医疗花费，把赡养老人的花费分为生活花费和医疗花费，并对传统农业时代和当代社会抚养子女和赡养老人的花费进行了对比。他认为，在传统农业时代，抚养阶段和赡养阶段的生活花费基本相同；但由于医疗水平整体落后，赡养老人的医疗花费和抚养婴儿、少年的医疗花费难以区分。又由于抚养还有婚姻花费，这就导致在这个时期，对绝大多数家庭而言，都是养育子女的整体花费高于赡养老人的花费。而在当代社会，生活花费在抚养和赡养阶段基本相同，但抚养阶段还有教育花费、婚姻花费、医疗花费，不仅成本较之以前大为提高，而且大多是家庭的刚性支出，而赡养阶

---

① 陈俊杰：《亲子关系中的代际倾斜与农民生育》，《人口研究》1995 年第 1 期。

段的医疗花费却并非主要或并非刚性支出，这导致在当代社会，依然是抚养子女的花费高于赡养老人的花费。[①]

　　一般认为，家庭的赡养功能主要包括三部分：给老人提供经济支持，以保障他们的生活质量；给他们以生活照料和日常服务；给老人精神上的关心和慰藉，让他们得享天伦之乐。

　　子辈同父辈分家后，经济独立，分灶吃饭，他们之间在生活方面的联系已经较以前弱化。现在，子辈外出打工，不能经常回来，老人则大多数被留在农村，居住空间上的分离更是影响了他们对父母的赡养。因此，多数情况下，子辈只能通过向老人提供较少的金钱资助或较为简单的生活资源来表达感激之情，却没有办法完全照顾老人的起居以及给予老人精神方面的安慰。据中国人民大学老年学研究所 2004 年 7 月在安徽省寿县、河北省承德县和河南省浚县等 3 地调查的数据，与子女外出务工前相比，留守老人的农业劳动负担和家务劳动负担都有了明显的加重。就农业劳动负担来讲，老人感到负担加重了的占 46.2%，没有变化的占 41.5%，减轻了的占 9.6%，说不清的占 2.7%；而对于家务劳动负担而言，老人感到负担加重了的占 44.4%，没有变化的占 45.8%，减轻了的占 7.6%，说不清的占 2.2%。经济供养方面，子女外出务工之后，留守老人的经济状况变好的占一半以上，达 53.1%，而经济状况变坏的比例很小，还不到 4%。子女外出务工之后仍能和留守老人经常保持联系的只有一半左右，为 56.7%，而外出后没有联系的比例为 13.7%。子女外出在精神上对老人的影响是很大的，分析显示：子女外出前老人经常感到孤独和有时感到孤独的比例还不到 17%，老人不孤独的比例在 80% 以上；但是，子女外出后老人经常感到孤独和有时感到孤独的比例上升很快，达到 50.8%，而老人不孤独的比例下降到 49.2%。[②]

　　虽然东乡族是一个非常注重孝敬父母的民族，但当家中的年轻人外出以后，对家中老人的赡养就受到了空间距离的阻隔。在"半漂式流动家庭"中，子女的外出确实使得家中留守老人的经济条件有所改善，可以经

[①]　王跃生：《中国家庭代际关系的理论分析》，《人口研究》2008 年第 4 期。

[②]　杜鹏、丁志宏、李全棉等：《农村子女外出务工对留守老人的影响》，《人口研究》2004 年第 6 期。

常给老人买一些衣物、鸡蛋等日常生活用品等，他们外出后给父母的钱也高过外出前。但是，很多时候，如当父母生病时，他们并不在身边，不能陪着父母去看病，也没有办法做到日日在老人身边照顾老人的日常生活，更无法满足老人精神方面的需求。

在"全漂式流动家庭"中，父辈和子辈基本上在一起共居同食，因此，多是生活上照料和照顾老人，没有明确的金钱赡养，当问到他们会不会给老人钱时，普遍的回答都是"他们需要的时候我们就给"。在"全漂式流动家庭"中，老人因没有城市户口，享受不到城市居民有关医疗方面的各项福利，存在看病贵和看病难的问题。如果花费巨大的话，这些家庭的子女就要回户籍所在地东乡县去办理报销事宜，平常几百块钱的医药费，虽然也是一笔不小的开销，可如果回乡办理，付出的劳力和成本更大，所以更多的时候他们只能自己负担。

根据第六次全国人口普查的结果，截至 2010 年底，我国 60 岁及以上的人口数量为 1.78 亿人，占总人口的 13.26%，65 岁及以上的人口数量为 1.18 亿人，占总人口的 8.87%，比第五次全国人口普查数据分别上升了 2.93 个百分点和 1.91 个百分点。同时，这一数字还在不断增加，中国已经步入了老龄化社会。老人赡养问题已经不仅仅是一个家庭内部问题，由人口流动所造成的农村留守老人赡养危机以及城市流动老人看病难等问题，已经成为亟须关注和解决的社会问题。

第七章

流动家庭外部关系：亲属关系和邻里关系*

家庭外部关系是一个和家庭内部关系相对应的概念，在本书中指"半漂式流动家庭"和"全漂式流动家庭"成员与其亲属、邻居之间的关系。前者既有建立在父系血缘关系基础上的家族关系，又有建立在母系血缘关系和姻缘关系基础上的姻亲关系等；后者主要指由于地理上的临近形成的邻里关系。

有学者曾用"社会网"的概念来指称家庭外部关系，如"社会网是指由个体间的社会关系构成的相对稳定的体系。个人的社会支持网是由具有相当密切关系和一定信任程度的人所组成的。社会支持网在规范个人的态度和行为方面发挥着重要的作用，它也是个人的一种重要的社会资源"。①这些社会支持网有父母、亲属、子女、兄弟姐妹、同事、朋友、邻居等。还有学者用"家庭生活圈"的概念来分析不同的亲属关系与其他社会关系位于家庭不同层级的生活圈。彭希哲等认为，在传统农村，家庭作为人们生活的唯一保障来源，其社会基础是血缘关系、亲属关系和其他社会关系，这些关系相互联结和支撑，构成了四个层次的家庭保障体系。第一层次主要由生活紧密型家庭组成，是家庭面临风险时，首先依靠的力量；第二层次主要是家庭的近亲和好友，作为家庭生活的一级生活圈，是重要的补充力量；第三层次是家庭的远亲和邻居，是二级生活圈，虽然也是补充力量，但不是主要的；第四层次为家庭或社区成员，属于三级生活圈，且是家庭保障的最外围。一般情况下，家庭保障层次越向外拓展或越向更大

---

* 本章内容部分发表于《重庆工商大学学报》（社会科学版）2016年第2期。

① 张文宏、阮丹青：《城乡居民的社会支持网》，《社会学研究》1999年第3期。

的范围延伸，其保障作用也会越减弱。① 阎云翔认为，在一个既定的关系网络中，直系亲属、近亲以及姻亲构成了社会关系的核心区域；好友以及经常可以寻求帮助的稍远的亲属构成了可靠区域；最后，有效区域包括大量远亲和广义上的朋友。②

中国人十分重视关系，在进行交往时，首先要判断关系的类型，如亲缘、地缘、情缘、业缘等，然后再做人办事，"人人心里都有杆秤"，这杆秤是由情谊或亲密程度来决定的。建立于血缘基础之上人与人的关系的亲疏远近取决于人与人的血缘脉统及由此产生的血亲之情，而建立于地缘、业缘、人缘关系基础上的人与人的关系的冷暖炎凉则取决于人与人的社会背景身份及由此而产生的人情。③ 李伟民曾经对人情进行过精彩的论述和阐释，他认为，人情一般有两种含义，一个是作为一种资源，另一个是作为一种行为规范。作为一种资源，人情可以是物化的、有形的实际存在物，也可以是非物化的、无形的一种活动或过程。有形的人情可以是金钱、礼品等和人的衣、食、住、行一切相关之物，而无形的人情则更多指的是一些机会、帮助、便利或支持等。作为一种行为规范，是指人和人相处时应该遵守的规范准则，通俗地说，就是人与人相处之道。人们与生活中的其他人打交道时，会根据交往对象的不同遵循不同的行为规范。当他和有血缘关系的家人、亲戚交往时，会因为亲情法则表现出来奉献行为；而当他在与外人交往时，则会因为遵循公平法则表现出交换行为。这是人们在进行社会交往过程中所遵循的最基本的两种运作法则。而所谓的人情法则就是建立在人们交往活动中互惠互利的行为基础之上，既带有情感的内涵和成分，也有双方互惠互利的交换性质。④

由岭村的流动人员所形成的"半漂式流动家庭"和"全漂式流动家庭"，对家庭外部关系的选择既有其相同的地方，也有不同的地方。相同的是不管是生活重心在农村的"半漂式流动家庭"还是生活重心在城市的

① 彭希哲、梁鸿：《家庭规模缩小对家庭经济保障能力的影响：苏南实例》，《人口与经济》2002 年第 1 期。

② 阎云翔：《中国社会的个体化》，陆洋等译，上海译文出版社，2012，第 131 页。

③ 潘鸿雁：《适应与变迁：社会转型加速期华北农村非常规核心家庭关系研究——以定州农村为例》，博士学位论文，中国人民大学，2006，第 114 页。

④ 李伟民：《论人情——关于中国人社会交往的分析和探讨》，《中山大学学报》1996 年第 2 期。

"全漂式流动家庭"，其对亲属关系都同样倚重；不同的是在农村的"半漂式流动家庭"除了对亲属关系的倚重外，邻里之间的关系在其日常生活中也显现出重要性，城市中"全漂式流动家庭"同以前在农村的邻里之间已基本没有联系，而与在新环境中暂时形成的新邻里之间并没有形成和传统乡村社会邻里之间那样紧密的互助和协作，虽然大家也是低头不见抬头见，但交往的深入程度偏低，基本上都属于"泛泛之交"。而且，这种家庭外部关系重构的主体还是家庭中的男性，女性的人际关系似乎在丈夫外出后依然隐藏在男性的身后，并没有凸显出来。

第一节　亲属关系：重家伍轻亲故

一　当代中国农村亲属关系

卢作孚先生认为，中国文化是以家庭为本位的。农业民族的社会生活就是家庭生活，因其经济单位也是以家庭为基础的。家庭关系的扩大一般有四个层次：第一为家族的关系；第二是包括父的家族、母的家族联姻而成姻戚关系；第三是因为家庭的临近而成的邻里关系；第四是由个人或家人的交往而形成的朋友关系。综合起来：中国人第一重要的生活是家庭生活，而亲戚、邻里、朋友关系是中国人第二重要的生活。[①] 费孝通先生也认为，中国人的人际关系，是一种差序格局，"在差序格局中，社会关系是逐渐从一个一个人推出去的，是私人联系的增加，社会范围是一根根私人联系所构成的网络"。[②] 这一社会关系的网络是以亲属关系为基础而形成的。中国人的日常交往就是建立在"亲情"基础上的"人情"关系。

近年来，对亲属关系的研究集中体现在对亲属圈和家庭网的研究上。王跃生用亲属圈家庭指有血缘关系（包括父系和母系）、姻缘关系，且具服属关系近亲成员所形成的家庭群体。[③] 潘允康曾用"家庭网"的概念来

---

① 卢作孚：《建设中国的困难及其必循的道路》，载《卢作孚文集》，北京大学出版社，1999，第316页。
② 费孝通：《乡土中国　生育制度》，北京大学出版社，1998，第30页。
③ 王跃生：《个体家庭、网络家庭和亲属圈家庭分析——历史与现实相结合的视角》，《开放时代》2010年第4期。

指称具有亲属关系的家庭。"家庭网",又称"网络家庭",指的是有亲属关系的家庭所组成的社会网络。他认为,"家庭网"是"社会网"的一种,但因其以亲属关系为基础,所以,相比其他社会网,它更具有密切性和凝聚力。他分析我国的家庭网类型主要有三种:第一种是以血缘关系为基础而形成的父母家庭和一个或多个已婚子女家庭之间的家庭网。这种家庭网一般以纵向关系为主,横向关系为辅,交往的内容既包括经济、生活,也包括情感等各方面,而且交往的频率较高。第二种是以血缘关系为基础形成的已婚兄弟姐妹之间的家庭网。这种家庭之间的交往以友谊式的交流以及困难时期的相互帮助为主。第三种是以姻缘关系为基础形成的家庭网(已婚妇女的婆家和娘家之间)。这种家庭网之间的经济、生活、情感交流都比较少,而多以节日、礼节性的走动或特殊情况的相互帮助为主。[1] 潘允康认为,家庭网是伴随现代化进程在中国城市出现的一种现象,是家庭小型化的伴生形式。近年来,这种现象在农村亦有出现。

西方学者认为,在从传统的农业社会向现代工业社会转变的过程中,亲属关系受到冲击,逐渐弱化。古德曾指出,在世界各地,所有的社会制度都在或快或慢地走向某种形式的夫妇式家庭制度和工业化,这在人类历史上还是第一次。[2] 他认为,夫妇式家庭制度的观念能够最大限度地满足个人主义和平等主义的价值观。古德指出,夫妇式家庭观念强调了丈夫和妻子以及他们和子女之间的关系,而很少注重同扩大亲属制度相联系的义务关系。夫妇式家庭的观念强调促进个体间的平等,重视每个家庭成员的独立和平等,这种观念和工业化所需的观念、价值相统一而且相互适应。[3] 帕森斯参照美国中产阶级家庭对亲属关系的功能主义进行了描述:家庭向现代性的转变需要以亲属关系团体分解和一种家庭体制的出现为前提。在这种体制下,核心家庭的成员摆脱了对较远的亲属的义务,配偶间的义务相应得到了强调。核心家庭成员有时与其他亲属保持联系,但这种关系没有结构基础,而且逐渐在减弱。现代社会的核心家庭在经济上是与其他亲属相独立的,它组成了一个孤立的家庭生活单位,而且按照明确规定的血

---

① 潘允康:《家庭网和现代家庭生活方式》,《天津社会科学》1988年第1期。
② 威廉·J. 古德:《家庭》,魏章玲译,社会科学文献出版社,1986,第245页。
③ 马克·赫特尔:《变动中的家庭——跨文化的透视》,宋践、李茹等译,浙江人民出版社,1987,第39~40页。

统准则，它对母亲家庭和父亲家庭都没有任何义务关系。①

而中国学者的本土化研究却表明，当代农村的亲属关系没有随着现代化的进程衰落下去，相反，亲属之间的互动和联系反而有所加强。如阎云翔在下岬村的调查发现，自 20 世纪 80 年代以来，农村分家的时间已大为提前，系列分家方式已成为家之再生产的主要形式。这两大变化使得 20 世纪 80 年代之后新建立的核心家庭缺乏独立性，而且比较脆弱。这意味着新分家单过的新婚夫妇在实际生活中迫切需要外来的支持与帮助，而双方父母则是最直接可靠的资源。所以，在母家庭与子家庭（新分家的核心家庭）之间很自然地有一种紧密关系，这种紧密关系除了体现在与母家庭分享生产资料使用权和与其他子家庭共同投资之外，还体现在数个核心家庭在生产的合作上，如农忙季节的帮工、换工，资金的借贷周转，以及土地的转租等。但在这些活动中，伦理义务和情感纽带的成分要少于实际需求的成分；同样的，社会压力的成分也远没有行动者个人选择的成分重要。②王思斌通过在河北农村的调查发现，近年来农村亲属家庭关系存在强化、紧密化的趋势，这不仅表现在农业生产方面，也发生在商品生产过程中。他们不但在日常生活中互相关照，而且在经济利益上紧密相连。经济利益关系成为亲属关系的重要纽带。经济上的互利可以使亲属关系更加紧密，经济利益上的矛盾也可以使亲属家庭之间相互疏远。因此，亲属家庭关系并不是一成不变的，而表现出易动性，经济关系决定着亲属关系。③阎云翔在其新作《中国社会的个体化》一书中也有相似的论述：易变性和灵活性显然是当前亲属关系实践的最重要的特征，而这显然是由个体的策略性行动而不是由集体的象征造成的。我们最好将亲属纽带看作是一套在不同的语境下意味着不同意义的关系建构体。亲属关系的相对性也许是理解不断变化着的亲属制度体系的本质的关键。④也有不少研究农村亲属关系的学者注意到近年来姻亲群体的地位和重要性不断上升的事实。如杨善华、

① 潘鸿雁：《国家与家庭的互构——河北翟城村调查》，上海人民出版社，2008，第 117 页。
② 阎云翔：《家庭政治中的金钱与道义：北方农村分家模式的人类学分析》，《社会学研究》1998 年第 6 期。
③ 王思斌：《经济体制改革对农村社会关系的影响》，《北京大学学报》（哲学社会科学版）1987 年第 3 期。
④ 阎云翔：《中国社会的个体化》，陆洋等译，上海译文出版社，2012，第 145 页。

侯红蕊认为，在当前农村社会中，原本紧紧地以血缘关系为核心的"差序格局"正在变得多元化、理性化，利益正在成为决定关系亲疏的最大砝码，母、妻两方面的姻亲关系与拟血缘关系作用日益突出，姻亲关系在家族关系中作用的增大甚至已经威胁到男系家族关系的不容置疑的核心地位。①

从上述研究中我们可以看出，亲属关系在中国农村社会依然发挥重要作用。在家庭与亲属网络的联系纽带以何者为主：情感、利益还是伦理上，大多数学者认为，传统的伦理义务与情感联系在今天已经弱化，经济合作或者说是实际需求的成分上升，亲属关系正在一种商业化的氛围中运作。在血缘亲属关系与姻缘亲属关系孰升孰降的博弈之争中，产生了分歧。何种亲属关系更为重要，是姻亲还是血亲，是男系亲属还是女系亲属，不同的地区表现出不同的特征，显示了地区的差异性。② 具体到岭村的实际，就是在现实生活中对家伍关系的偏重，包括经济上的借贷、生活上的互助等；对姻亲关系或多或少的轻视，大部分只停留于象征性、礼节性的走动和联系上。

二 岭村亲属关系的实践

在东乡族社会，最重要的亲属关系就是建立在父系血缘关系基础上的家族关系，东乡族称为"家伍"。并且按照亲属关系的远近，把"家伍"分为"亲家伍"和"老（大）家伍"。"亲家伍"一般是同一祖父的后代，"老（大）家伍"一般为同一曾祖父或太祖父的后代。东乡族一般把通过母系血缘关系或因姻亲关系结成的亲属关系称为"亲故"。

由岭村的流动人员所形成的"半漂式流动家庭"和"全漂式流动家庭"，对家庭外部关系的选择既有其相同的地方，也有不同的地方。相同的是不管是生活重心在农村的"半漂式流动家庭"还是生活重心在城市的"全漂式流动家庭"，其对亲属关系都同样倚重；不同的是在农村的"半漂式流动家庭"除了对亲属关系的倚重外，邻里之间的关系在其日常生活中也显现出重要性，而在城市中的"全漂式流动家庭"则更多的是依靠业缘

---

① 杨善华、侯红蕊：《血缘、姻缘、亲情与利益——现阶段中国农村社会中"差序格局"的"理性化"趋势》，《宁夏社会科学》1999 年第 6 期。
② 潘鸿雁：《国家与家庭的互构——河北翟城村调查》，上海人民出版社，2008，第 119 页。

关系、乡缘关系、社缘关系（岭村同属一社的人走得更近）等。而且，这种家庭外部关系选择的主体还是家庭中的男性，女性的人际关系似乎在丈夫外出后依然隐藏在男性的身后，并没有凸显出来。

东乡地区一般以一个姓氏、支系或按宗族划分村落。通常一个村落同属一个宗族、一个姓氏，户数十几户、几十户，乃至上百户不等。东乡族把这种同一宗族的村落，称作"阿恒德"。"阿恒"，含有村庄的意思，但"阿恒德"是专指居于同一村落的宗族。阿恒德中分大家伍，阿恒德也包括出自同一氏族的几个、十几个村落。由于自然条件差，农业经济十分落后，加之时代的变迁，长期以来，阿恒德、大家伍不断分支，迁徙他乡和另辟新村，分成几个、十几个村落，他们把原来居住的村庄称作"老庄"或"老根子"。这些从老庄分支出去的各村各庄的人，由于地缘和年代的变更、人口的繁衍，其关系日趋疏远，辈分也分辨不清了，于是相互间称作"阿哈叫"或"阿哈勒"，即同一祖先的后人。近百年来，由老庄分离出来的村落已不下几十个。但是，东乡族所有村寨，都有一个可以查清的老庄和清楚的系谱。① 这样，就在东乡族中形成一种宗族聚居的居住格局，亦即同村或同坊聚居，它是以血缘关系与地缘关系的结合为基础的，而岭村就是一个血缘亲属关系与地缘关系重合的村落。

以血缘关系与地缘关系为基础形成的东乡族村落社会，存在很强的内部团结协作以及生产、生活中的互助。在我国社会保障体系尚不完备的时期这种团结协作精神发挥着积极作用。随着近年来改革开放的深入和社会流动的扩大，东乡族的村民也开始在城乡之间流动。在这个过程中，城市的东乡族村民为农村亲属或朋友等提供找寻工作的机会以及一些食宿方面的帮助，农村的东乡族村民则为城里的亲人、朋友提供对他们家庭的照顾。②

岭村共有 6 个社，虽然并不是每个社都只有一个家伍，但同一家伍的人一定生活在同一个社，这样就意味着同一家伍的人住得非常邻近。因此，在生活中，岭村和东乡族的其他地方一样，家伍之间的关系，尤其是亲家伍之间的关系非常亲密，既有物质上的交往，又有情感上的交往。"半漂式流动家庭"和"全漂式流动家庭"与家伍的交往内容主要包括生产生活上

---

① 马自祥：《东乡族风俗志》，中央民族学院出版社，1989，第 53~54 页。
② 廖杨：《东乡族宗法文化论》，《民族研究》2002 年第 4 期。

的互助、结婚盖房子等重大事务上的金钱借贷等。

　　个案3：我们家的房子是后来重新盖的，以前的老房子塌了，盖房子的时候政府给了八千多，我盖这个房子总共花了四万，剩下都是我哥哥他们帮我出的钱。当时盖房子的劳力也主要是我哥哥家的，他们虽然在外面做生意，家里的人都在，都过来帮忙了。再就是女的干不了的我从社里找了几个男的。现在他们这钱也不要了，送给我了，他们日子都过得挺好的。

　　个案17：我给儿子盖房差不多花了两万块钱，都是贷款的，亲戚朋友家里富裕的也没有几个，所以借不上，而且借一两个月就要还。我们家的麦子有时是自己种，有时和弟兄合伙。现在也就是顾得上就自己收，顾不上就合伙。

　　个案20：我们家兄弟五个，老大全家去了新疆，老二在兰州做拆迁，我是老三，老四也在兰州，老五全家去了西藏，兄弟五个人的地现在三个人种着。我们家当时盖房子的时候兄弟们帮忙出力了，但钱都是我自己出的。我老婆娘家的哥哥来帮着做了几天就回去了。再其他人也没有帮忙，就我们几个做着呢。

　　"全漂式流动家庭"虽然生活重心已经转移到城市，但当家中遇到困难时首先还是会向家伍寻求帮助，然后才是其他的亲属关系。

　　个案6：我在兰州开这个店（在兰州开店卖旧门窗、旧家具）大概要十万的成本，都是在乡里贷款的。人家给的一个名字是可以贷五万块钱，就是一个户口本可以贷五万，还有五万也是贷的，是我家伍的哥哥帮着贷的，贷出来借给我。

　　实践具有策略性，策略是实践之源。① 布迪厄曾对亲属关系做过正式亲属关系和实践性亲属关系之分，阎云翔认为，虽然这种两分法存在很大问题，其只是延续了长期存在的由埃文思－普里查德和福特斯建立的公共

---

① 侯均生：《西方社会学理论教程》，南开大学出版社，2001，第356页。

生活中的亲属组织与私人生活中的家户关系之间的二元对立，但布迪厄对实践和个体能动性的强调值得注意，而且实践性亲属关系这一术语好像也是一个合适的名称。阎云翔借用这一术语，用来指代亲属关系在实践中易变的和可变通的本质，而不是与正式亲属关系处于对立位置的私人关系。① 岭村的亲属实践表明，具有血缘的亲属关系网络是岭村家庭重要的关系资源。

潘鸿雁通过对翟城村的调查发现，分家削弱了家长的权威以及亲子轴心在更宽阔的亲属关系网络中的重要性，女性亲属关系的重要性上升。翟城村的留守主妇在实践的过程中，根据自己的角色位置，在不破坏传统规则的前提下，策略性地应用现有的关系资源。在开展经济合作中，妇女获得了更大程度的自主权，并可更有效地追求她们的自身利益，积极地建构自己的关系网；在抚养孩子时，年轻的妇女从其母亲和其他女性亲属那里获得帮助、支持和友谊。② 也有学者指出，妇女建构亲属关系的过程就是抵制和远离传统的以公婆等长辈为权威的亲属关系，重视和强化与娘家、邻居等关系的过程。③ 可是在岭村，呈现的却是另一番光景。

岭村的亲故关系，也就是姻亲关系，并没有以妇女为中心进行积极建构，在亲属关系的选择上，通常女性也会遵循以父系为主的关系序列。当笔者问到留守妇女在自家有困难或有事时会找谁帮忙时，大部分人的回答都是找自己丈夫的兄弟。生活在这里的人至今还认为女儿一出嫁，就是"泼出去的水"，"嫁出去就没了，是别人家的人了"。在丈夫外出打工期间，"半漂式流动家庭"中的那些留守妇女，既要从事家务劳动和农业生产，又要照顾孩子和赡养老人，因此，对外的依赖性较强。但这种依赖的对象也多限于丈夫的父母和丈夫的兄弟，而和自己娘家的关系则多是在节日或家里有人结婚、生病、盖房等事情时的礼节性走动。下面是几个个案的讲述。

个案 1（女性，62 岁，老伴儿在精神上有些问题，随时需要人照

---

① 阎云翔：《中国社会的个体化》，陆洋等译，上海译文出版社，2012，第 128～129 页。
② 潘鸿雁：《对非常规核心家庭实践的亲属关系的考察——以翟城村为例》，《新疆大学学报》（哲学·人文社会科学版）2006 年第 6 期。
③ 李霞：《依附者还是建构者——关于妇女亲属关系的一项民族志研究》，《思想战线》2005年第 1 期。

顾）：家里有两个女儿，都结婚了，但是放不下婆家那边过来照顾我们，所以没来照顾。她们离这里不太远，但是由于家里情况来不了，经济上也帮不了多少，每次来就给个一两百的，生活上会给一些鸡蛋、肉等。

个案5：通常家里有什么事我们都是和隔壁孩子的叔叔、伯伯家互相帮忙。我娘家离得近，平常走动也是有的，这时候就不带礼，像家里有事的时候，再比如说过节的时候，斋月的时候走亲戚去就要带上点礼，一般就是茶叶、冰糖，有时候就拿上三舍礼、四舍礼还有五舍礼（三舍礼是在茶叶和冰糖的基础上再加上桂圆，四舍礼是再加上杏脯，五舍礼就是再加上红枣之类）。要是碰上有人结婚或生病，就是拿个鸡啦，拿一些鸡蛋、肉啊去看一下，再给个一两百块钱，关系好的就两三百，一般的就一百，再一般的就拿个五十，然后他们也好好招待，吃好喝好。

个案7：我娘家有兄弟姐妹五个，我是最小的，上面有一个姐姐、三个哥哥，农忙的时候，虽然娘家靠得比较近，但是干活的时候，因为娘家底下的地也特别多，自己的农活也特别多，所以无暇来帮我们。

个案11：她娘家的亲戚一般都不怎么上我们这来，有啥事或者过节的时候，都还是以我的兄弟姐妹为主。

但是，在调查中我们也发现，个案1的情况比较特殊。给老伴儿看病的钱都是两个儿子从舅舅家里借的，一人借了一万多元。这主要是因为一方面，老伴儿兄弟家都比较穷，帮不上什么忙；另一方面，因为自己弟弟是卖木材的，家里经济条件比较好。除了给老伴儿看病的钱，她家大儿子盖房子的木头也都是从舅舅那赊账借回来的。因此，这也从某种程度上印证了亲属关系实践的复杂性。

地理距离一般和亲属关系的亲疏程度成正比，居住的距离越近，亲属间的实际来往就越多，相互之间帮助的可能性也就越大，当然亲属关系也就越紧密。但是，也有学者指出，亲属关系的成立既有必要条件，也有充分条件，血缘和姻缘关系的存在只是亲属关系的必要条件，却并非充分条件，充分条件是共同利益的大小和相互满足的程度。也就是说，别人是否把彼此看作是亲密的亲属关系，在很大程度上是要看他们彼此共同利益的契合度以及他们互相满足对方利益的能力大小。① 因此，在岭村，虽然血缘关系很重要，但亲属关系的远近和关系的亲疏之间并不总是重合的。关系的远近，是指血缘的远近，这显然是固定不变的；关系的亲疏，是指往来的频度和感情上的亲密程度，血缘的远近可以成为关系亲疏的一个前提，但这不是绝对的，它也会因为双方利益的不同或其对另一方的期待不能得到满足而淡漠甚至彻底疏远。②

第二节　邻里关系：淡化还是强化

对每一个家庭来说，不仅会和亲属家庭之间发生关系，而且和非亲属家庭——邻里之间也会发生关系。邻里作为中国社会中除家庭之外的另一最基本的社会组织，在人们的生活中具有重要的作用和意义。在中国人的社会生活习惯中，一直把"亲"和"邻"联系在一起，因此，很早便有"远亲不如近邻"的说法。岭村的人际关系以自己的家庭为中心，由邻里、社和村落逐层向外推衍，越往内关系越亲近，越往外关系越疏远。

有学者分析，目前，农村的邻里一般有两种形成方式：一种为继承型，另一种为行政规划型。所谓的继承型就是后代因从前辈处继承房产而形成的邻里关系。行政规划型是指因在新的村中空地盖房子而形成的邻里关系，这种邻里关系因村中空地需经村级领导人进行行政规划而得名。③传统农村的邻里关系，因其熟人社会的关系性质、地缘上的接近，形成邻里之间守望相助、"远亲不如近邻"的传统。但是，农村劳动力的大量外流，改变了邻里关系的内涵和性质。过去更多的情感交流逐渐遭到功利性的侵蚀，交往中的理性因素凸显。

一　传统东乡社会的互助协力

中国农村的村落社会，自古以来便沿袭着一些固定的或不固定的协力

---

① 刘楚魁：《试析正确处理亲属关系》，《广西社会科学》2002 年第 6 期。
② 杨善华、侯红蕊：《血缘、姻缘、亲情与利益——现阶段中国农村社会中"差序格局"的"理性化"趋势》，《宁夏社会科学》1999 年第 6 期。
③ 徐慧清：《社会转型时期农村邻里冲突的解构分析》，《安徽农业大学学报》2005 年第 3 期。

组织及共同活动。东乡族村落由于地缘观念产生的亲族观念特别强，所以显示出很强的凝聚力和认同感，构成了十分紧密的集体，因此组织互助协力成为代代相传的惯制，这种惯制的主要表现有以下几个方面。

首先，婚丧大事的协力互助。东乡族村落中有结婚庆典时，村里各家各户都有出人力帮忙的习俗。婚事中的帮忙事宜由大家伍的长者出面组织，女的帮忙炸油果、酥散、馓子、酥盘（一个足有五六斤重的蒸馍），操办宴席，男的忙着宰牛羊、端盘子、砍柴、接待等各项劳务杂役，有较细的分工，并且井井有条。处理丧事，主要由哲玛其的头目出面组织。哲玛其，是东乡族的民间行政单位，汉译为教坊，以清真寺为中心。哲玛其对团结本属成员有着巨大的内聚作用和强烈的向心力。它的地缘范围，包括一个由宗亲组成的自然村或好几个自然村。哲玛其的头通常叫乡老，一般由大家推举产生。乡老除了清真寺的安排，收集钱粮、东西外，还可以在各村、各家伍调解纠纷，充当典卖土地房屋的契约公证人，安排组织人员办理挖墓、抬埋、出殡等丧葬事宜。此外，哲玛其有人家遭灾遇难，乡老会安排各户伸手支援钱物、周济扶困等事宜。其次，修建房屋的协力互助。这是东乡族历史上流传下来的帮工互助的惯例，特别是打庄窠、筑围墙盖房子时，全村劳力都会出动帮忙，甚至家里没有成人男劳力时，妇女、孩子也会来担任辅助劳力，房东依惯例供给帮工饭食。最后，耕种、收庄稼、打碾场时的换工互助，这也是东乡族遗留下来的协力习俗。另外，还有一些临时性的协力组织，如在寺里和人家中举办一些大型的宗教活动，宰牛宰羊念亥亭，做祀达哈，古尔邦节、阿述拉节的庆典活动等，也会形成一些临时性的协力互助组织。村落和哲玛其在组织互助活动方面有习惯约束力，凡不参加各种协力帮工活动的人，往往受到全村和哲玛其的谴责。①

村落作为一种熟人社会，村民邻里之间相互依赖，形成一定程度上的生活互助圈，这是由传统中国农业社会的性质所决定的。东乡族村落的互助协力和中国社会其他村落的互助协同具有相似性。日本学者福武直曾对华北农村"农耕上的协同"进行过总结，其中关于换工他说：换工又称"帮工"，其意思是"不付工钱，不雇佣，而是先接受帮助，然后再无偿还

① 马自祥、马兆熙：《东乡族文化形态与古籍文存》，甘肃人民出版社，2000，第110~111页。

其以同等的劳力"，"它并不是常常固定于一定的农户之间，而是随时根据
需要相互帮助"。"自然换工的农户是一定的，但绝非固定的，通常最多只
限于二三家之间，至于二三家以上的多数农户间组建成一个协作组织之事
则是没有的。"① 东乡族传统村落也存在农忙时的换工互助现象，当然，村
民、邻里的互助协作不止这些，在村里有红白喜事以及大型宗教活动时，
村民也会互相帮忙。这种换工、帮忙是以血缘关系、地缘关系为依托的，
从农业生产、日常生活等方面体现了亲属之间和邻里之间的协作支持。

　　福武直认为华北农村的换工等行为是一种基于情感基础上的无偿援助
行为；张思则认为，在近代华北农村社会，在交换关系中既有亲密感情、
支援的实质，又有合理计算的、对等交换的实质，这两种不同的原则相互
掺杂，完全的、纯粹的亲情援助和对等交换都是少数。② 在传统东乡社会，
村民之间的互助协力主要是基于血缘、情感基础上的援助行为，他们有共
同的社会生活，有同一的风俗习惯、大体一致的思想意识，有宗教信仰、
道德力量的共同约束，在生存的压力下互相联合、互帮互助。但协作是双
向的、互相的，在交换合作中也难免会出现合理化的算计思想，然而这种
思想却不是绝对的等价交换，而只是某种程度上合理的对等原则。

二　岭村人口流动背景下的邻里关系

　　农村生产生活方式的真正改变肇始于 20 世纪 80 年代开始的大规模农
民流动。岭村的关系网络主要是以男性为主体建立的，随着村中越来越多
男性劳力的外出，村民的日常交往，包括日常的交流、家里的婚丧嫁娶或
者是农忙时候的互助，都因为"主体"的外出而有所减少。特别是对那些
"全漂式流动家庭"来说，由于他们常年生活在兰州，与原有村落的邻居
已经基本没什么联系，只是在村里有重大事情如老人生病或去世时会回
去，这个时候才会去邻居家里顺便坐坐，而他们在城市的左邻右舍，都是
因为生意的关系大家临时住在一起，以前并不认识，因此，彼此交往的深

---

①　福武直：《中国农村社会的构造》，载《福武直著作集》（第 9 卷），东京大学出版会，
1976，第 460 页，转引自内山雅生《二十世纪华北农村社会经济研究》，李恩民、邢丽荃
译，中国社会科学出版社，2001，第 126 页。

②　张思：《近代华北农村的农家生产条件·农耕结合·村落共同体》，《中国农史》2003 年
第 3 期。

度非常有限，情感支持和经济上的借贷更谈不上。

在乡村生活的"半漂式流动家庭"，除了主要依靠的家伍关系外，邻里关系也在日常的生活中显现出来，多表现为几家在农业生产上的互相协助和盖房、仪式活动中的互相帮工。这样的互相协助和互相帮工体现的是乡村社会的人情交往，是通过双方之间的情感交流、物质交换来达到共同的获利和共同发展，是讲求互惠平衡的。个案 7 的情况可以说明"半漂式流动家庭"之间在农忙时的互相帮助，而一旦一方退出，另一方还生活在农村的家庭就会主动再去寻求新的"合作对象"。

> 个案 7：隔壁他们在的时候，两家虽然不是兄弟，但是也会互相帮着干，隔壁的走了之后，我们家因为劳动力缺少了，很多地都种不了了，只能让别人种了。他们搬走也有个五六年、六七年了吧，自从他们走后家里面有什么事我们就找隔一个房子的一家。

盖房子是农村的一件大事，岭村的每个父母一辈子最重要的两件事就是为儿子娶媳妇和为儿子盖房子，这两件事几乎要花尽他们一生的积蓄。以前村里人还没有大量外出的时候，盖房子帮忙的人很多。可是，现在据村支书说："因为男人都出去打工了，别人也不会因为你家盖房子专门跑回来帮忙。现在盖房子都基本上靠家伍帮忙，村里、社里那些关系好的也会来，其他就没什么人了，再不然就是你有钱你就雇人，没钱你就自己多干点。"笔者的访谈也证实了村支书的这种说法，个案 3 是家中的老小，他家盖房子的时候哥哥家既出钱又出力，因男性劳力不够，所以他又雇了几个同社的人。个案 20 家盖房子的时候，哥哥家帮忙出劳力，钱都是自己出的，妻子娘家的哥哥也来干了几天，其他再没什么人，就他们几个人干着。因此，我们可以看到，盖房子这一以往对村民来说的大事，现在已经随着村里男性主体的缺失而失去了普遍的帮工对象。而且，现在雇工的观念已经被一部分村民所接受，不管这种接受是自己的主动选择还是被迫接受。房东负责买好盖房的材料，其他的具体事宜交给小包工头管，待房子盖好后，付给包工队工钱即可。在这整个过程中还有没有其他人帮忙，则和房东盖房的时间、亲家伍的经济和劳力情况，以及自己在村里的人际关系有关。

　　在遇到婚丧嫁娶等仪式活动时，邻里的帮工行为要比盖房时普遍。像DH社的村民因为都是一个家伍的，所以邻里不仅是单纯的邻里关系，还有亲属关系。当社里有红白事的时候，出外打工的人都会回去帮忙。这种帮忙虽然主要指的是劳动力方面，但回去在仪式上的随礼也很重要。礼钱的数目不定，多的500元，少的100元。其他社的情况是，在婚嫁的时候家伍的都会回去，邻居会不会回去则要看具体情况，即使回不去，留守的妇女也会过去帮忙做饭等。但是在有丧事的时候就都会回去，甚至在老人生病的时候也会回去探望。没有亲属关系的邻里，随礼的数目也不一定，多的100元，少的50元，甚至30元的也有。据村民讲，这主要看自己家的经济情况，情况好的就会多出，情况一般或不好的就会少出一点。但是，活动的范围基本上以社为单位，而不会波及整个村。村民们明确表示，不是同社的村民婚丧嫁娶，他们是不会回去的。

　　以下是三个"全漂式流动家庭"成员的叙述。

　　　　个案6：我现在也不经常回去了，那边回去房子也没有，房子十年前就塌坏了，就没有了，现在一个房子盖不起来。回去也就是在马书记（村支书，是被访者的亲家伍，同一个祖父）那随便歇一晚，然后我们就回来，没有大事不回去，有一些亲戚吃宴席啊这样就回去。回去是回去过，家里没什么事，就是庄子里人家吃宴席啊，比方说人去世了啊，这样子就回去，有大事就回去，没大事不回。（当笔者追问庄子是指的同村的人还是同社的人时，对方回答是同社的人）我们社有两三个家伍。虽然是两三个家伍的，但我们庄子的人去世了你必须得回去，有些人病了，我们也回去看一下。

　　　　个案9（家里老小，父母、几个兄弟、妻女都在兰州）：我们兄弟几个都在附近呢，经常打电话来往，妹妹就是农村农忙完了会过来，一年也就一两次。过节我们当然跟弟兄亲戚走动得多，跟邻居走动不多，我们这里来认识的不多嘛。

　　　　个案19（独生子，有两个姐妹，在东岗旧门窗市场有门面）：我们兰州市也没有亲戚，比方说过节我们也就在这市场，和市场里的人一过就行了。过节的时候我们也不送礼物，像开斋节的时候我们就到寺里去就行了。在兰州市的话我也就和我们市场的人联系的比较多，再没有亲戚了。跟老家那边除了家伍亲戚之外，和其他人也基本上再没有联系了。

"半漂式流动家庭"和"全漂式流动家庭"也在积极扩展建立在生意基础上的业缘关系，当然，这种业缘关系和乡缘关系、社缘关系有时候是交互重叠的。对于大部分出售旧家具、旧门窗的人来说，他们可以利用这些关系得到有关拆迁的最新信息，获得货源的供应；对于那些在建筑工地上打短工的人来说，他们可以利用这些关系互通信息，或者寻找更好、给钱更多的工程；而有的人也会在金钱借贷方面依靠生意上的朋友，个案 14就属于这样的情况。

> 个案 14：我们盖这个房子的时候跟别人借了七八千，总共花了两三万。钱都是"掌柜的"跟自己做生意的朋友借的。

社会的变迁引起了邻里关系的变化，出现了"局部强化，整体淡化"的发展趋势。"所谓局部强化，指的是留在农村生活的邻里由于大量青壮年离开农村，导致了农村传统生活方式的变迁，部分邻里由于相互需要和相互帮助，建立了比以往更为强化的邻里关系。所谓总体淡化，指的是由于生活方式的变迁，导致农村邻里之间的交往活动逐渐减少，这直接影响了邻里关系的建立，造成邻里之间关系的淡漠。"[1] 我们在岭村的调查实际上也发现了这种趋势的存在。从整体上来说，由于人口的流动，男性劳力的缺失，过去邻里之间有事大家一起办的情况已经逐渐减少。在盖房上表现得尤其明显，市场经济的雇工已经代替传统的帮工。对邻里关系影响、冲击最大的当然属"全漂式流动家庭"，一方面，他们多和老家的亲戚联系紧密，同社的人只有在家里有婚丧嫁娶等大事的时候才会回去；另一方面，他们在城市中的邻里关系也因这种居住的暂时性和流动性，交往的深度和紧密度有限。从局部来说，农村的剩余人口都是一些老弱妇孺，他们在村里的青壮年男性外出之后，生活上、生产上实际更需要彼此的帮助和

---

[1] 常小美：《后常庄的邻里互助研究——以丧葬仪式为例》，硕士学位论文，安徽大学，2007，第 44～45 页。

照顾。所以有的家庭就会在有困难的时候主动寻求和临近家庭的相互合作与照应，就算中途有人"退场"，他们还是会在有需要的时候重新和别的家庭建立这种联系。因此，在局部上邻里关系也有强化的特征。

费孝通先生曾经用"差序格局"来说明传统中国乡土社会最基本的结构特征。在乡土社会中，社会关系是按照亲疏远近的差序原则来建构的，就"好像把一块石头丢在水面上发生的一圈圈推出去的波纹。每个人都是他社会影响所推出去的圈子的中心。被圈子的波纹所推及的就发生联系。每个人在某一时间某一地点所动用的圈子是不一定相同的"①。在乡土社会，不但亲属关系表现为"差序格局"，地缘关系也表现为"差序格局"。很显然，我们在岭村的调查再一次印证了费孝通先生"差序格局"概念的解释力和生命力。有学者通过调查与思考，对传统"差序格局"给予了重新认识，与过去"差序格局"不同的地方是，差序格局中所依的"伦"有所变化，但是"伦"的变化却没有改变"差序关系"。以"伦"为差序格局的建构基础，被重新划分为伦理、情感、利益这三个维度的关联。② 岭村的实际表明，伦理、情感依然是维持这个小社会人际关系的主要维度，利益取向已在某些方面萌芽，但还没有真正使得交往关系形式化、理性化和商业化。至于以后在人情和利益的天平上，会不会随着人口流动的增加、市场经济的发展，人情与利益两边持平，甚或是利益的一边重于人情的一边，我们还将继续关注。

---

① 费孝通：《乡土中国　生育制度》，北京大学出版社，1998，第26页。

② 陈俊杰、陈震：《"差序格局"再思考》，《社会学研究》1998年第1期。

第八章

总结与思考

岭村"半漂式流动家庭"和"全漂式流动家庭"的形成,既有国家制度变迁的影响、社区亚文化的约束,同时也有具体家庭策略的调整,这三个方面相互依存,共同促成了岭村人口流动的现状和特点。

第一节　国家制度和政策的变迁

在中国历史上,农民流动古已有之。在中国古代史和近代史上,以农民为主体形成的流民,一直是困扰中国的一大社会问题。池子华认为,所谓流民,其含义或者说来源,主要有四个方面:(1)丧失土地而无所依归的农民;(2)因饥荒年岁或兵灾而流亡他乡的农民;(3)四出求乞的农民;(4)因自然经济解体的推力和城市近代化的拉力而流入都市谋生的农民,尽管他们有的可能还保有小块土地。前三个方面与古代流民没有本质性的区别,只有第四个方面,使流民具有近代色彩。① 新中国成立后,实行了一系列迅速实现工业化和优先发展重工业的国民经济发展计划,这个时候的农民流动不仅和社会经济的发展密切相关,同时多受国家政策的制约,只有少量是农民自发的迁移。

在 20 世纪 70 年代之前,农民的流动大体经历了流回—流出—再流回—再流出等阶段。1950 年土地改革的推行,使 7 亿多亩土地回到农民手中,并减轻农民 3 亿多斤的粮食税收负担,许多漂泊逃亡的农民开始纷纷返回家乡。1953 年是社会主义建设和改造的开始之年。之后大量农村劳动

---

① 池子华:《中国流民史》(近代卷),安徽人民出版社,2000,第 2 页。

力被招收进城成为企业工人；大量农民涌进城市给城市社会管理带来了现实难题，国家先后下发各种文件和通知，要求阻止农民盲目进城。到了1958年，由于工程建设的大肆扩张，各地又开始四处招农民进城；1959年，中央新的指示要求制止这种行为。在这期间，中央出台了一项重要举措来控制农民盲目进城，就是制定了《中华人民共和国户口登记条例》，用法规的形式限制农村户口迁往城镇。在20世纪60至70年代，受特殊的自然灾害和国内形势影响，绝大多数农民都是被束缚在农村的土地上，农民的进城流动基本处于消退状态。①

20世纪70年代末，随着农村经济体制改革的推行，原来附着在有限土地上的大量劳动力出现了剩余。同时，城市中又空缺出来大量城市居民不愿意干的工作岗位，劳动力短缺在一时之间成为城市面临的突出问题。而此时粮食统购统销政策缺口的出现，为农村剩余劳动力进城务工提供了机会。② 特别是20世纪80年代中期户籍制度放宽以后，出现了人口流动的浪潮，并逐年升高。20世纪90年代，主要是放开小城镇户籍，对北京等特大城市及一些大中城市的户籍仍是采取严格控制。21世纪初期，大的变化逐渐显现，诸如石家庄这样的省会城市已经在不同程度上放宽政策，而有的城市甚至取消了城市和农村的户籍二元分割制度。③

综上所述，可以说，在中国，制度是控制农民流动的关键因素。1979年以前的20年，我国之所以没有出现大规模的农民外出现象，其中一个重要原因就是制度的约束和限制。如果没有改革开放以后制度上的松动，即使存在农村的"推力"和城市的"拉力"，农民的流动也会被严格地控制在一个安全的范围内。正如金斯利·戴维斯（Kingsley Davis）所说："移民是政策的产物"，任何以经济为主要立论的移民理论，在充满政治考虑和政府干预的移民面前，无不黯然失色。④

从整个元代及明初来看，东乡族所从事的经济活动仍然非常清晰的凸显出注重手工业、畜牧业，善经商和轻视农业的特点。明朝中后期，汉族传统

---

① 王俊祥、王洪春：《中国流民史》（现代卷），安徽人民出版社，2001，第1~20页。
② 周毅：《中国人口流动的现状和对策》，《社会学研究》1998年第3期。
③ 李强：《影响中国城乡流动人口的推力与拉力因素分析》，《中国社会科学》2003年第1期。
④ 华金·阿朗戈：《移民研究的评析》，《国际社会科学杂志》（中文版）2001年第8期。

的农耕经济影响扩大，同时由于茶马贸易在东乡地区的繁荣，东乡族的经济虽然仍以商业、畜牧业为主，但农业的地位已经有所提高。而到清代，农业地位继续上升，但是商业活动却因为茶马司被取消而逐渐衰退，随之，畜牧业和手工业也趋于衰落。在民国时期，东乡族的农业、手工业和畜牧业都有一定程度的发展。新中国成立初期至"文革"期间，商业活动遭到取缔，农业生产成为唯一的经济形式，在这一时期，汉族的农耕文化对东乡族的经济形式产生前所未有的影响。① 从新中国成立后到"文革"结束前这一段时间，虽然国家在政策上对人口流动、经商有严格的限制和规定，但因东乡地区贫苦，一般群众单靠农业不能维持生活，所以岭村的村民还是有零星地通过副业出外谋生的，当然这种外出必须在不影响大队正常的农业生产的前提下。他们主要在附近的几个县及临夏、兰州等地帮人擀毡、挑担子、拉车等。这一时期村民的外出形式主要为家中男性劳力的个人外出，而且副业的收入有限，据东乡族社会历史调查小组对 1951 年群众收入进行的统计，农业收入占总收入的 86.58%，副业收入仅占 13.42%。②

改革开放后，国家政策逐渐放宽，户籍制度虽然仍发挥作用，但至少已经存在许多容纳和容许劳动力流动的政策。正是在国家政策和制度调整的过程中，岭村越来越多的村民走出家门，出外打工或经商。截至目前，虽然男性劳动力的季节性流动依然是主要的流动形式，但全家迁移的数量也慢慢增多，生活重心完全转移。据《岭村流出人口计划生育服务与管理登记册》显示，全家迁徙到外地的家庭现在已经有 41 户。但是，他们中的大多数人，虽然生活在城市，却不具有城市户籍，他们不是"市民"，不能享受各种针对城市居民的社会保障政策；他们已经不从事农业生产，可是他们的身份却还是进城打工的农民。正像有的学者说的："农村人口外出流动，已经使他们的实际身份与制度性身份发生了错位现象。"③

一个国家的现代化，就是从传统农业国演变为现代工业国的过程，就是变以农业人口、农村人口为主体到以非农业人口、城镇人口为主体

---

① 马自祥、马兆熙：《东乡族文化形态与古籍文存》，甘肃人民出版社，2000，第 9 页。
② 甘肃省编辑组编《裕固族、东乡族、保安族社会历史调查》，甘肃民族出版社，1987，第 60 页。
③ 王春光：《新生代农村流动人口的社会认同与城乡融合的关系》，《社会学研究》2001 年第 3 期。

的过程。① 绝大多数发达国家，它们的农民转化主要依靠的是城市自身非农产业的发展所产生的吸引力来吸收农村人口实现的。在这个过程中，一方面是农村对内部劳动力的挤压力，另一方面是城市对农村劳动力的吸引力，甚至更多时候是城市的吸引力远大于农村的排斥力，这使得发达国家的农民向非农民身份的转变、劳动力从农村到城市的转换衔接较好。而从我国的现实情况来看，更多时候是农村的排斥力更大一些，我国农村劳动力从农村向城市的转换动力是比较典型的压力主导类型。② 由农民转变为非农民是一个漫长的嬗变过程。一般包括三个环节：首先是职业转变，由农业转向非农业；其次是地域迁移，主要活动地从农村转移到城市、城镇；最后是身份变更，由农民变为市民。三个环节体现农民向非农民转变过程的不同层次，依次之间是递进的关系。③ 我国之所以会形成职业转移、地域迁移、身份变更相互分离的人口流动特点，追根究底是由一系列体制的约束和制度性障碍所造成的。就像戴维斯和哈勒尔说的，在中国"国家权力和政策已经是社会转型的创造者，而不是创造物"。④

第二节　社区的力量

德国社会学家滕尼斯于 1887 年首次将"社区"概念引入社会学界，他认为："纯粹社会学的基本形式是社区和社会，他们在社会关系、整体（集体）和社团中产生作用。社区首先建立在血缘关系的基础上，然后是邻里和朋友关系，总之要有亲密感和无可置疑的连带关系。相反，在社会当中，人们在实质上是相互分离的。作为社区的家庭、氏族、村庄、朋友，只能从思想上去把握。具体的城市、国家、工业、舆论，只能接近于社会。"⑤ 马林诺夫斯基是真正开创社区研究，并对中国的社区研究产生直接影响的人。马林诺夫斯基强调，人类学者不应把物质文化、人类行为、

① 邹农俭：《论农民的非农化》，《社会科学战线》2002 年第 1 期。
② 邹农俭：《论农民的非农化》，《社会科学战线》2002 年第 1 期。
③ 邹农俭：《论农民的非农化》，《社会科学战线》2002 年第 1 期。
④ 阎云翔：《中国社会的个体化》，陆洋等译，上海译文出版社，2012，第 113 页。
⑤ 威·伯恩斯多夫、克诺斯普：《国际社会学家辞典》（上卷），王荣芬等译，中国人民大学出版社，1987，第 651 ~ 652 页。

信仰与理念分割开来进行排列组合，而应把它们放到"文化事实"（Cultural Facts）或所谓的"分立群域"（Isolates）的整体中考察，展示它们之间的互动关系。马林诺夫斯基所讲的"文化事实"和"分立群域"，指的就是方法论优先的整体分立社区，或"田野工作"的社会空间单位，后来其成为社会人类学社区研究法的基础①。这种实地调查自社区始的思路，对中国的社会学、人类学研究产生了很大影响。1936 年，吴文藻提出创立以社区研究方法为基础的"中国社会学派"。他认为，社区的地域性是其最显著的特征。社会是一个集合生活的抽象概念，是社会关系的总称。而社区表示人们的实际生活，有物质基础，可以被观察到。所以，应该从社区着眼，通过社区来观察社会，了解社会。② 费孝通先生认为，我们在具体的社区分析时，首要工作是要在一定时空坐标中把当地人民赖以生活的社会结构描画出来。然后再进行比较研究，每个社区都有它自己的社区结构，每个社会结构也有其不同的配合原则，正是因为配合原则的不同，表现出来的结构形式也就不一样。③

然而，各国学术界目前对于社区还没有一个公认的定义，只是对于其中的两点内容达成共识：其一是地域性，其二是社区生活中的公共联系纽带④。总结成一句话："社区是指以地域为纽带的社会组织单位；或者说，社区就是具有地域性的利益共同体。从社会学角度看，社区还必须具备几个基本的构成要素，即：地域性，公共联系纽带，持续的、亲密的首属关系，归属感和一套社区成员公认的行为规范和秩序。"⑤ 在我国，社区最基本的两种类型是乡村社区和城市社区。这两种社区，既是人类社会历史发展的共同结果，也构成了我国城乡二元的社会结构体系。

岭村作为一个乡村社区，它的经济、教育、文化等，都会对生活其中的村民产生约束和影响。岭村是一个传统的农业村，土地全部为山旱地，且无灌溉设施，只宜于种植洋芋、小麦、玉米；当地自然灾害频繁，干旱造成的损害尤甚，农作物基本靠天吃饭，产量非常有限；岭村虽然山大沟

① 王铭铭：《社会人类学与中国研究》，三联书店，1997，第 28 页。
② 吴文藻：《吴文藻人类学社会学研究文集》，民族出版社，1990，第 145、144 页。
③ 费孝通：《乡土中国 生育制度》，北京大学出版社，1998，第 91～92 页。
④ 李培林、李强、马戎：《社会学与中国社会》，社会科学文献出版社，2008，第 135 页。
⑤ 王颖：《论社区自治建设》，《北京社会科学》2003 年第 2 期。

深，但没有草原，不能养大群牛羊，每家一般也就只有两三只山羊；岭村也没有可资利用的林业资源和矿业资源。村民如果不外出经商或打工，就没有办法生存下去。因此，为增加收入，是村民选择外出打工或经商的内在动力因素。岭村有两所小学，其中大泉小学是试验点，只到三年级，主要面向三个社的适龄儿童；岭村小学是面向整个村的适龄儿童。因为这里住户分散，社与社之间的距离较远，所以孩子上学非常不便。从村里到乡政府只有一条弯弯曲曲的羊肠小道，旁边就是深沟大山，一有什么自然灾害就会影响村民通行。我们调查的时候，就遇到了一次山体滑坡事件，黄土把道路堵死了，人可以通过，却没办法通车。平常人们出行靠的就是自家的摩托车和那种每趟5元专门拉人的面包车。其中一个社的社长认为村里很多孩子不上学主要是因为："学校本来就少，远一点的，有很多就不想去了，家里人也不让去。"由于这里地理位置偏僻，社会各界对学校的投资和建设关注也不足，在我们一问到有关教育的问题时，村民就会不断地向我们抱怨学校的师资力量和教学质量问题。接受学校正式教育程度的有限性，极大地限制了村民外出打工所能从事的职业。他们大多在工地上当小工，也有不少人骑着自行车在城市收购废旧家具、旧家电，当然还有一些能干的，他们有自己的店铺，收购旧门窗、旧木材。村里唯一一位有城镇户口的是在Q乡中心小学教书的老师，而我们调查的"半漂式流动家庭"和"全漂式流动家庭"的所有成员，其户口都还留在村里。岭村的文化主要由伊斯兰教的宗教信仰和传统儒家文化的因素组成。经济上的相对落后、地理上的偏居一隅，形成了这里文化上的相对封闭和保守，伊斯兰教对妇女的严格规定、传统儒家"男尊女卑"的思想在这里得到了更充分的体现。对未婚女性的限制尤甚，即使她们不念书了，也是坚决不被允许去外面打工的。这种文化特点形成了岭村"重男轻女"的性别偏好、"男主外，女主内"的性别分工模式和"男主女从"的权力模式。传统文化经世代沉积，已成为一种社会文化心理结构，变成一种社区成员的共识；然而，作为一种意识形态，它又具有一定的相对独立性，并不随着生产方式和生活方式的改变而马上改变。①

---

① 杨善华、沈崇麟：《城乡家庭——市场经济与非农化背景下的变迁》，浙江人民出版社，2000，第232页。

　　生活在岭村的人，必须遵守岭村那些已经在村民中达成共识的规范，即岭村的社区情理，不能违背，否则就会遭到其他村民的非议和排斥。这是对作为生活在有限时空范围内的农民来说，他们之间，既有温情脉脉的情感、伦理关系，也有复杂的竞争关系。农村熟人之间的竞争包括很多内容，诸如房子盖得好不好、结婚排场大不大、生没生儿子或孙子、孩子上没上大学等，都能成为他们获取自尊和成就感的主要来源。反之，则有可能被周围人嘲笑、议论或看轻，从而使他们陷入痛苦之中。所以，在农村，只要是一个正常的人，都会十分看重周围他人对自己的评价，而这，也正是社区情理之所以会发挥作用的原因。

　　城市社区和农村社区有完全不一样的情理。首先，城市社区是相对开放的。其次，城市社区只是居民生活的场所，它与居民工作的场所一般是完全分开的。这正是现代社会的一个重要特点。人与人之间也不可能形成像农村社区中的这种关系。再次，城市中人们之间的竞争主要发生在工作场所（单位），因为他们企图得到的各种资源主要也是由工作的单位或有关机构提供的，他们生活的社区解决不了这样的问题。[1] 城市社区的异质性、流动性及次级互动等特质不同于乡村社区的同质性、稳定性及初级互动的特质，所以城市社区形成不了农村那样的社区情理。"全漂式流动家庭"因为生活重心的转移，他们已经与岭村的关系淡化，所以农村社区对他们产生的约束和限制力量也相应地减弱，那些在农村不允许妇女打工的规定在城市中也相应地失去了一些支持者。就像一位允许自己的妻子在外面打工（虽然打工的地方离他们的家非常近）的丈夫所说："我们老家的人就是不让女的出去打工，我们在外面的人就再没管。"

　　以往的家庭策略研究，在注重考察社会变迁，主要是制度变迁如何影响和制约家庭的基础上，同时更加关注家庭如何发挥能动性来应对这种变迁以及家庭对社会产生的影响。然而这种对国家与家庭相互作用的考察，却忽视了国家和家庭之间社区的力量。因为正是建立在宗教和传统文化基础上的岭村独特的社区情理，对于生活其中的村民还具有相当的约束力，

---

　　[1]　杨善华、沈崇麟：《城乡家庭——市场经济与非农化背景下的变迁》，浙江人民出版社，2000，第243页。

即使是暂时脱离这个小社会的村民，他们中的大多数人还是会自觉地去延续和遵守传统乡村社会固有的秩序和生存模式，形成"全漂式流动家庭"中同样"男主外，女主内"的分工模式和"男主女从"的家庭权力模式。但也同样是由于城市社区和乡村社区的完全不同，有不一样的社区情理，城市自由、开放、陌生人社会的性质使得一些"全漂式流动家庭"暂时抛开了原有的乡村社区情理的限制，允许妇女出去打工。如果只考虑国家的制度变迁对家庭的影响或家庭的策略对国家与社会的影响，我们就会在接近问题本质的道路上失去重要的一个环节。个人、家庭、社区是国家的三个基本细胞，三者缺一不可，社区的情理虽然有时候并不一定和国家的方针政策相符，但因为其符合当地人的传统观念，所以会对生活在那里的家庭和人产生影响。而且单个家庭迫于生活压力，在不得不面对由于成员流动对家庭产生的各种各样的负面影响的同时，在应对策略方面往往显得力不从心。各家各户的力量是弱小的，如果我们能把社区的力量聚合起来，有效整合社区内的各种资源，使大家能够互相支持协助，就能够更好地集中力量帮助这些流动家庭克服困难、解决问题。这些就是笔者之所以会在国家和家庭之外，关注社区层面的原因。

第三节　家庭对社会的反作用

　　家庭是人类社会的细胞，也是中国最基本的生活单位，在工业化和城市化的进程中，社会整体的变迁必然会对家庭造成影响。家庭变迁作为社会变迁的重要组成部分，是观察社会变迁的一个窗口，同时，家庭变迁和社会变迁之间又是一种明显的互动关系，家庭并不是被动地受社会变迁的影响，而是"以自己原有的特点对社会做出反应"，形成对社会的反作用。就像哈德·西德尔所说："家庭绝不仅是单方面地受社会影响的左右，虽然，家庭的社会结构和关系实体均受到它所在社会的经济发展水平和阶级、阶层、社会氛围的从属性的限定。另一方面，家庭也不断地通过日复一日劳动力的恢复，新的劳动力和消费者的再生产，产生出社会的阶级和阶层特有的结构。家庭是一个社会中对个人进行社会安置的代理机构。它本身作为一个社会的机构，创造着愿意并且能够适应各个占统治地位的社会关系的个人。"①

制度的变迁为岭村农民的流动提供了契机和动力，社区的文化规范给岭村农民的流动限制了形式和条件，在此基础上，农民以家庭为单位，做出了适应性的调整：或一人流动或全家流动。之所以大部分家庭都选择由男性外出打工，除了受父系父权制度、"男主外，女主内"的传统性别分工模式、城市劳动力市场的影响外，其也是在考虑家庭整体利益和生存发展的基础上做出的理性选择。就像一位村民说的："妇女在家要喂羊、喂牲口、种庄稼、带娃娃操心，如果妇女出去了，这些活就没人做了。"而那些全家流动的家庭，通常在开始的时候也是家中男性个人流动，等到经济条件稍微好一些了之后，有的为了孩子的上学，有的因为老人在农村没人管，于是，把全家人都接到了城里生活。这主要是因为迁移是具有风险的，如果在一个新的地方就业没有保证，如果居住情况不确定，那么失败的可能性对于整个家庭来说将是十分严重的，因而不可能让整个家庭进行一次性整体迁移。尤其是当孩子们也被包含在内的时候就更是如此了。最初的移民们通常是采取成年人自身迁移的形式，然后，如果他们获得成功的话，他们就会试图重新组建他们的家庭。② 这个过程也可以看作是家庭为了生存和整体利益而做出的理性选择，不管这种理性选择是主动的还是被迫的。

岭村的农民进城对当地和城市经济发展、城市化和现代化进程以及提高农民自身收入、改善农民家庭生活等方面都有着不可估量的意义。但是，村民在离开家庭、离开农村后，给夫妻关系、代际关系等带来的变化和冲击以及角色冲突等问题也不容小觑，具体表现为以下几方面。

第一，流动对夫妻关系的影响及女性的弱势地位。家庭既是事业性组织，也是情感性组织。大卫·切尔认为，在家庭生活中，经济利益与情感之间的平衡一直对家庭生活的动态具有深远的影响，虽然这种平衡在不同时期、不同地方是不同的。他同时指出，亲密情感已成为家庭的一种稳定之源，人们花费大量的努力来使家庭处于一种恰当的位置上，从而使人们

① 赖因哈德·西德尔：《家庭的社会演变》，王志乐等译，商务印书馆，1996。
② 大卫·切尔：《家庭生活的社会学》，彭钢旎译，中华书局，2005，第33页。

体会到一种归属感、一种安慰和安全感。① 有学者指出，在中国城市，家庭的经济功能、生育功能已经弱化，城市的现代化使人们对家庭的依赖性降低，人们的衣、食已不完全依赖家庭，休息、交往、娱乐活动也部分地由社会提供。同时，人们却对家庭的心理功能期望提高，人们希望从婚姻家庭中得到感情补偿和心理安抚。故而，人们形容现代家庭好像"一个冷酷世界的避风港""没有医生的心理急救站"。② 但是，受社会生产方式和文化的影响，传统的农民夫妻之间更侧重事务上的合作，而忽视情感上的满足。费孝通先生说过，夫妇关系片面化的表现主要有两种：一种是夫妇间偏重感情协调，趣味和兴会相投，减少事务上的合作；另一种是偏重经济上、事业上的合作，而撇开感情方面的要求。至于偏重的方向，主要是受生活环境的影响。一个生产技术简单、生活程度极低的社会，时常会表现为夫妇间偏重事务合作，压低情感满足，而夫妇间偏重感情生活，必须是在一个生活程度较高的社会才能普遍发生。夫妇之间既可以共同享受生活的乐趣，又需要共同经营社会事业。如果实在不能两全，就只能牺牲一项。而传统中国社会更多是牺牲前者。③

对那些岭村的"半漂式流动家庭"来说，夫妻之间已经打破了原有的"共同生活"和"共度时光"，聚少离多使得他们之间缺少交流和情感沟通。因为很多家中既没有固话，留守妇女又没有手机，所以造成他们之间只有在家里有事的时候妻子才会主动给丈夫打电话，询问相关事宜，而丈夫给妻子打电话的次数则比较少。通话内容也多是一些家庭琐事，不会涉及夫妻之间的情感。丈夫在外面的生意、生活如何也不会告诉妻子，当我们问到原因时有的丈夫就说："你给她说了她也不懂，又帮不上啥忙，所以一般不和家里说。"在城市的"全漂式流动家庭"，虽然夫妻共同生活在一个家庭中并且共度时光，但"男主外，女主内"的性别分工模式，使得他们在生活中形成了不同的关注点。不管是"半漂式流动家庭"抑或是"全漂式流动家庭"，现在主要还是一个"经济共同体"，家庭的整体主义至上的观念使得个人情感和个人目标淹没于家庭的整体利益和目标之中，

---

① 大卫·切尔：《家庭生活的社会学》，彭铜旎译，中华书局，2005，第89~93页。

② 陈一筠：《我国城市家庭经历着"职能转换"》，《社会科学报》（北京）1991年1月31日，第4版。

③ 费孝通：《乡土中国 生育制度》，北京大学出版社，1998，第146~147页。

经济功能居于首要位置，而情感则被置于次要位置。虽然大部分家庭在男性外出之后都能保持其稳定性，但因丈夫外出而夫妻感情破裂的案例也存在，因此，情感的重要性已不容我们忽视。

在我们关注岭村的流动家庭时，也不得不关注家庭中女性的地位。对于留守妇女而言，在丈夫外出后，家中生活重担的转移，使她们不仅要从事农业生产，还要料理家务、喂养牲口、照顾老人和孩子。责任的增大同时也意味着权力的提升，她们在日常生活、农业生产方面的自主性和决定权都较以前有所改善。但因男性仍然是主要的"家计负担人"，经济上的依赖性使得妇女在婚姻关系中通常处于一种更加危险的境地。在城市中的有些"全漂式流动家庭"更是如此，那些没有受过教育，不能出去打工的妇女，既没有工资收入，也缺少了农村的农业收入，无任何经济来源的她们只能在生活上完全依赖丈夫生存，一旦婚姻破裂或家庭发生变故，她们将是最容易陷入困境的人。

第二，子女抚育和老人赡养的现实困境。根据 2005 年中国 1% 人口抽样调查的抽样数据推断，中国农村留守儿童约 5800 万人，其中 14 周岁以下的农村留守儿童约 4000 万人。和 2000 年相比，2005 年的农村留守儿童规模增长十分迅速。在全部农村儿童中，留守儿童的比例达 28.29%，平均每四个农村儿童中就有一个多留守儿童。2012 年 9 月，教育部公布的《2011 年全国教育事业发展统计公报》显示，2011 年全国义务教育阶段在校生中进城务工人员随迁子女共 1260.97 万人，这较之于 2010 年增加了 93.79 万人。在"半漂式流动家庭"中，父亲在孩子成长过程中的长期缺位，使得他们没有时间也没有精力去关心孩子的学习和心理状况，只能尽自己最大努力为孩子提供物质方面的支持，至于情感需求和亲情互动交谈，则在一定程度上处于缺失状态。同时，他们对子女的期望像过去一样仍然保持着实用性，即他们对子女教育投资的加大，完全看这个孩子有无能力通过升学跳出农门的可能。如果没有这个可能，那么他们就会采取实用主义的态度，让他们的孩子去打工或参加农业劳动。[1] 留守儿童由于亲子分离，情感和人格发展都受影响，同时由于缺乏父亲方面"权威"的监护与督促，很容易就造成学习成绩下降，甚至辍学等不良后果。在"全漂

---

[1]　杨善华：《家庭社会学》，高等教育出版社，2006，第 80 页。

式流动家庭"中，流动儿童由于受户籍制度的限制，存在上学难的情况。《中华人民共和国义务教育法》规定，地方各级人民政府应当保障适龄儿童、少年在户籍所在地学校就近入学。义务教育经费投入实行国务院和地方各级人民政府根据职责共同负担。农村义务教育所需经费，由各级人民政府根据国务院的规定分项目、按比例分担。所以，当农民子女随着父母进城，离开户籍所在地之后，其教育问题就不再是原户籍地政府负责，而流入地政府也对其教育没有义务，这就造成农村流动儿童的受教育问题处在政策真空中，被政策执行者忽视。[1] 户籍制度虽然说是门槛，但有时候孩子上不了学却是制度和家庭共同作用的结果。有些父母由于工作繁重，无暇接送孩子去稍远一点的学校上学，而近的学校孩子又进不去，从而导致适龄儿童入学时间的一再延后。

中国有家庭养老的传统，在岭村，老人的赡养方式一般有三种：一种是老人和小儿子住在一起，小儿子一家负责在生活上照料老人，其他儿子会买东西去看老人，至于会不会给老人钱则完全根据自己的情况，一般条件好的每个月都会给二三百块钱，条件不好的则会时间更长或者不给；另一种是由几个儿子轮流赡养老人，这种情况另给老人钱的时候很少，一般老人开口要了才给；再一种是老人和子女有矛盾或为了减轻子女负担，自愿搬出去单独过的，子女一般会隔段时间给父母一小笔钱以及一些生活用品。不管是哪种方式，父母都需要子女的直接帮助，因为农村老人不像城市老人那样有退休金或养老保险养活自己，而且在农村很多活都是体力活，如果没有子女的帮助老人很难解决。但是，在"半漂式流动家庭"中，随着家中青壮年男性成员的流动，对老人的赡养行为因为空间距离而受到阻隔，传统的赡养方式也在发生变化。由于不能日日守在老人身边照顾，很多子女对老人的支持由实物支持向现金支持转变，但在精神方面却对老人关心不够。家庭的照顾功能在逐渐弱化，服务不到位，子女心有余而力不足，甚至有些70多岁本该颐养天年的老人还要自己烧火做饭、下地干活。虽然"全漂式流动家庭"的经济条件一般都稍好一些，在生活和物质上都能对老人照顾得更周到，但因为多受制度条件的限制，在老人看病报销等事宜上也存在困境。

---

[1]　陈少娜：《农村流动儿童受教育问题研究》，《中国青年研究》2012年第10期。

这些问题虽然都发生在每个实实在在的个体家庭中，在某种程度上，甚至都可以称之为家庭内部问题，但随着流动人口数量的增加，流动家庭的数量也在增加，家庭内部的问题也逐渐演变成一个个社会问题，尤其当社会问题又加入民族这个影响因素时，更是需要我们关注和谨慎对待，如果这些问题得不到妥善解决，甚至会影响我国城市化的顺利进行和和谐社会的建设。

第四节　重塑健康社区支持

中国是农业大国，农村、农业、农民所构成的"三农"问题历来都备受学者们关注。有学者认为，要解决"三农"问题，根本之途就在于解决农业人地矛盾这个根本性问题。人口特多，耕地对应于劳动力而言严重不足，农民数量相对于耕地资源显示出大量过剩，这就是我国农业人地之间的矛盾，而解决这一矛盾的根本之策就是让农民实现非农业的就业。[①] 这样，农民从农村到城镇、城市寻找非农业岗位就业的过程也就是城市化的过程。西方发达国家的城市化，是在工业发展的基础上，农民几乎同时完成了职业转移、地域迁移、身份转换的过程。而我国由于受城乡分割的二元社会经济结构的影响，农民在进行非农就业的过程中更多的是职业转移和地域转移，却很难实现社会身份的变更，由农民变为市民，他们一般被统称为"农民工"、"流动人口"或"外来人口"等。农民工是我国现有社会体制的特有产物，是一种制度性身份，因此，在很长时段内，甚至半个世纪，农民工作为一个特殊的社会阶层，农民工流动的格局，将长久地存在[②]。

很多学者都主张从制度方面进行改革，要求放宽户籍制度限制，使农民真正市民化，能够享受和城市居民一样的社会保障和社会福利。如邹农俭认为，"在迈向现代化的过程中，我国在构思新型的社会体制时，必须对旧户籍制度进行彻底改革。要将工农、城乡分治，对城市人口和乡村人

[①] 邹农俭：《也谈解决"三农"问题的根本途径》，《中共福建省委党校学报》2004 年第 2 期。

[②] 曹锦清：《中国农村转型：转向何方》，载贺雪峰主编《三农中国》，湖北人民出版社，2004，第 2~9 页。

口区别对待，在一个国家，只因居住地、从事产业不同而实行决然不同的政策改为城市人口和乡村人口统一，从事不同产业的人口一视同仁，居住在不同地域上的人口权利与义务对等的人口管理政策"。① 王春光把农民工的问题看成是一整套制度设计和安排的结果，具体包括以户籍制度为核心的一系列相关社会保障与福利制度、教育制度、住房制度等，正是这些具体的制度，将农民工和城市居民区别出来。如果只是出台单项政策来解决问题，那就不可能彻底改变农民工在城市生活中的各种尴尬境地，要想达到城乡社会经济的统筹发展，必须有彻底的、总体性的制度改革。②

我们不能不承认制度变革在改变农民工生存权利和现状方面的关键作用，但制度毕竟有其一般性和大众性，它不一定会涵盖农民家庭的所有具体问题和困难，况且制度所发挥的作用因其在出台和执行上的滞后性也大打折扣。而作为每个家庭身在其中的社区，却可以弥补制度层面的缺陷，为流动家庭提供支持和实际的帮助。

E. 肖特在《现代家庭的形成》一书中认为，西方和中欧的普通家庭在前工业时期和社区联系非常密切。靠两个纽带紧密相连：一个是复杂的扩大亲属网，另一个是家庭和社区的广泛联系。是工业革命摧毁了以家庭为中心的家庭经济制度，夫妇关系在这个过程中渐趋亲密，家庭与社区的关系却减弱。在这个过程中，许多家庭的男性劳动力忙于养家糊口，根本无法满足家中妻子和孩子的情感需求，使得妇女和儿童的处境遭遇恶化。③ 美国社会学家科尔曼也认为，人类社会的微观结构是以父母与其子女之间的关系，兄弟姐妹之间的关系以及其他亲属关系为基础的是工业革命使生产走出家庭，家庭及社区的社会生活、精神生活逐渐被经济关系、政治关系所吞食，变得越来越脆弱。④

上述变化虽然描述的都是西方社会的事实，但同样在某种程度上也适用于当前的中国。乡村社会中以村落为单位的社区，是一个没有陌生人的

① 邹农俭：《进城人口的户籍制度改革》，《经济社会体制比较》2003 年第 5 期。
② 王春光：《农民工在流动中面临的社会体制问题》，《中国党政干部论坛》2004 年第 4 期。
③ 马克·赫特尔：《变动中的家庭——跨文化的透视》，宋践、李茹等译，浙江人民出版社，1988 年，第 203、214～215 页。
④ 詹姆斯·S. 科尔曼：《社会理论的基础》，邓方译，社会科学文献出版社，1992，中文版序言，第 1 页。

社会，每个人都生活在一种相互依赖的关系中，人与人之间相互熟识、密切交往。"'社区是人们在共同居住区域中相互含有互动的行为，并由互动行为引起地方观念，于是群策群力建立机构，改善生活环境……社区生活的动力即在于自身发现其需要而求其解决之道。'人们之间的紧密联系是维持社区同质性，维持社区整合的重要手段。"① 在岭村，以往遇到盖房子、婚丧嫁娶、传统节日或农忙的时候，都是全村人一起帮忙。但是，随着工业化和城市化的发展，越来越多的人离开农村，向城市转移。这种转移不管是以个人为单位，还是以家庭为单位，都是不彻底的，因为他们的户籍都还留在农村。他们在城市中遇到贷款、看病报销等事情还是要回到户籍所在地去办理。但是，这种转移对村落社区来说却又是有破坏性的。因此，我们说的重建社区支持，实际上既包括农村社区也包括城市社区。

在农村社区，农村男性劳动力的流动，导致原有家庭结构发生变化，出现了留守妇女、留守儿童、留守老人这些新的弱势群体，并由此引发一系列诸如子女教育、夫妻关系和老人赡养等社会问题。针对这些"半漂式流动家庭"，我们要发挥原有农村社区的作用，重建社区联系，加强社区援助，使得"半漂式流动家庭"在其主要男性劳动力外出之后，也能在生活中获得物质上和情感上的支持和帮助，减少外出人员的后顾之忧。社区的本质特征是地域共同体，② 地域上的临近使得社区对各个"半漂式流动家庭"的各种问题和需要都能有最真实、最准确、最迅速的了解。村委员组织、村民都可以基于了解产生同情心，继而采取实际行动进行支援，如社区养老援助、社区助残援助等。这种援助具有互动成本低、频率高、互惠性强等特点。其内容也多种多样，既包括有形的物质、劳务、信息等援助，也包括无形的情感援助等。中国大部分农村社区的现实情况需要依靠集体的力量，需要社区内部成员的广泛参与来改变不利的处境。③ 另外，岭村作为信仰伊斯兰教的村落社区，也应该发挥宗教在社会救助、老年人服务、家庭服务等方面的动能。从宗教的服务内容看，既有精神、心理的服务，也有物质的救助；从服务方式上看，既有个案服务，也有团体服务、

---

① 任远：《农村村级社区发展研究》，上海百家出版社，2001，第4页。
② 潘鸿雁：《农村分离的核心家庭与社区支持》，《甘肃社会科学》2005年第4期。
③ 潘鸿雁：《农村分离的核心家庭与社区支持》，《甘肃社会科学》2005年第4期。

社区服务；从服务对象上看，既有老年人、鳏寡孤独者、伤残病人、无家可归者等社会弱势群体，也有正常的村民。① 政府在尊重伊斯兰教的前提下发挥其在社区支持方面对其成员的特殊作用，在政府组织之外为非政府组织的社区服务功能创造条件，将对村落社会的和谐、"半漂式流动家庭"的稳定产生积极作用。

在城市社区，传统的单位制逐渐解体，原来许多由单位承担的功能需要一种新的社会载体来承担。以街道和居委会为核心的城市基层管理体制也不再适应社会发展的需求，社区——作为一种新的社会基层组织体制应运而生。② 农民工在城市的社区类型可以分为三类：第一类是没有进入社区的类型，多以建筑队、装修队的农民工群体为主。他们集体居住，但流动性强，交往圈子主要以亲缘、地缘、业缘关系为基础，居住的地方一般没有社区管理机构。第二类是一些"准社区"类型，诸如在一些城市形成的"浙江村""新疆村"等聚居地。这些聚居地在空间、人际交往等方面已初具社区特征，但缺乏正式的城市体制管理，与当地居委会和社区关系疏离。第三类是进入城市社区的类型，主要表现为有稳定的居所，稳定收益，受城市社区体制管理。但其内部交往仍以亲缘、地缘、业缘关系为主，同外部城市居民的交往涉及具体事务的多，情感交流的少。因其户口并没有从农村转为城市，所以在城市的生活依然是边缘的，并没有真正融入城市社区。③ 从我们调查的情况看，"半漂式流动家庭"的成员和城市社区的关系多属于第一类，而"全漂式流动家庭"和城市社区的关系则多属于后两类，不管是哪一类，社区作为农民工在城市主要的居住地和交往场所，其整体融入状况不容乐观。

有一件事情令笔者印象深刻，2012 年暑期在东岗旧门窗市场做调查时，据那里做生意的商户讲："因为又下雨污水处理厂又挖管道的，整个路都被堵死了，那边过不来，这边过不去的，都一年了。他们那个单位太慢了，很耽误做生意，但是我们也说不上啊，说去他们就说慢慢做慢慢做，亏不了，我们说也没有用，那地方路挖断了嘛，人都过不来嘛，所以

① 段继业：《宗教在西北少数民族地区的社会工作功能》，《青海社会科学》2005 年第 6 期。
② 陈志成：《从"单位人"转向"社会人"——论我国城市社区发展的必然性趋势》，《温州大学学报》2001 年第 7 期。
③ 张利军：《农民工的社区融入和社区支持研究》，《云南社会科学》2006 年第 6 期。

我们也东西就卖不出去了，你拉也拉不进来，卖也卖不出去。"在这件事情当中，这些流动人口之所以"状告无门"，问题长时间得不到解决，正是因为社区的作用和管理功能没有得到相应的发挥。如果能真正把这些流动人口纳入社区管理体制，由社区出面帮助他们申诉实际困难，协调相关部门的工作，相信事情就不会拖了那么长时间还得不到解决。

《国务院关于解决农民工问题的若干意见》指出，要"发挥社区管理服务的重要作用。要建设开放型、多功能的城市社区，构建以社区为依托的农民工服务和管理平台。鼓励农民工参与社区自治，增强作为社区成员的意识，提高自我管理、自我教育和自我服务能力。发挥社区的社会融合功能，促进农民工融入城市生活，与城市居民和谐相处。完善社区公共服务和文化设施，城市公共文化设施要向农民工开放，有条件的企业要设立农民工活动场所，开展多种形式的业余文化活动，丰富农民工的精神生活"[1]。国家政策、制度的变化和倾向是对社区支持在解决农民工问题方面有效性和长期性的最好注解。在城市中，我们要发挥流动家庭所属社区的作用，积极开展活动，了解和关心流动人员在城市的生活，帮助他们解决子女上学难以及随流老人看病难等现实问题，使他们在城市能有尊严地活着，并最终使得他们作为公民身份平等地享受国家赋予的权利和资源，不会因为户籍的限制而有所差别。

"半漂式流动家庭"和"全漂式流动家庭"所处的是两个不同的社区——一个是传统的乡村社区，另一个是现代的城市社区。虽然同样是要建立社区支持和社区援助，同样都需要社会政策的鼓励和大力支持，但在具体做法上却因为"社会结构"的不同而应该有不同的实施措施。本书通过实地调查和深度访谈的方法，对岭村的流动家庭——生活在农村的"半漂式流动家庭"和生活在城市的"全漂式流动家庭"不同的人口流动类型、对家庭关系的不同影响以及产生的各种问题进行了详细描述和阐释，至于那成功通向"罗马"的道路，还有待相关学者与有关部门的进一步研究和讨论。

---

① 中华人民共和国中央人民政府网：《国务院关于解决农民工问题的若干意见》，http：//www.gov.cn/jrzg/2006-03/27/content_237644.htm。

参考文献

阿马蒂亚·森：《以自由看待发展》，任赜、于真等译，中国人民大学出版
　　社，2002。

艾略特：《家庭：变革还是继续?》，何世念等译，中国人民大学出版社，1992。

曹锦清：《黄河边的中国——一个学者对乡村社会的观察与思考》，上海文
　　艺出版社，2001。

陈其斌：《东乡社会研究》，民族出版社，2006。

池子华：《中国流民史》（近代卷），安徽人民出版社，2000。

邓伟志、徐榕：《家庭社会学》，中国社会科学出版社，2001。

东乡族自治县地方史志编纂委员会编《东乡族自治县志》，甘肃文化出版
　　社，1996。

东乡族自治县统计局编《东乡五十年（1950—2000）》，东乡族自治县统计
　　局，2000。

费孝通：《乡土中国　生育制度》，北京大学出版社，1998。

费孝通：《费孝通文集》（第三卷），群言出版社，1999。

甘肃省编辑组编《裕固族、东乡族、保安族社会历史调查》，甘肃民族出
　　版社，1987。

黄平：《寻求生存——当代中国农村外出人口的社会学研究》，云南人民出
　　版社，1997。

赖因哈德·西德尔：《家庭的社会演变》，王志乐等译，商务印书馆，1996。

李忱：《甘肃民族研究论丛》，甘肃人民出版社，2002。

李培林、李强、马戎：《社会学与中国社会》，社会科学文献出版社，2008。

李银河：《中国婚姻家庭及其变迁》，黑龙江人民出版社，1995。

李银河：《妇女：最漫长的革命》，三联书店，1997。

卢作孚：《建设中国的困难及其必循的道路》，载《卢作孚文集》，北京大学出版社，1999。

罗斯·埃什尔曼：《家庭导论》，潘允康等译，中国社会科学出版社，1991。

麻国庆：《家与中国社会结构》，文物出版社，1999。

《古兰经》，马坚译，中国社会科学出版社，1981。

马克·赫特尔：《变动中的家庭——跨文化的透视》，宋践、李茹等译，浙江人民出版社，1988。

马志勇：《东乡史话》，甘肃文化出版社，2006。

马自祥：《东乡族风俗志》，中央民族学院出版社，1989。

马自祥、马兆熙：《东乡族文化形态与古籍文存》，甘肃人民出版社，2000。

潘鸿雁：《国家与家庭的互构——河北翟城村调查》，上海人民出版社，2008。

瞿同祖：《中国法律与中国社会》，中华书局，1996。

任远：《农村村级社区发展研究》，上海百家出版社，2001。

赛义德·菲亚兹·马茂德：《伊斯兰教简史》，中国社会科学出版社，1981。

沈崇麟、杨善华、李东山：《世纪之交的城乡家庭》，中国社会科学出版社，1999。

沈崇麟、李东山、赵锋：《变迁中的城乡家庭》，重庆大学出版社，2009。

妥进荣：《东乡族经济社会发展研究》，甘肃人民出版社，2000。

王俊祥、王洪春：《中国流民史》（现代卷），安徽人民出版社，2001。

王铭铭：《社会人类学与中国研究》，三联书店，1997。

望月嵩：《家庭关系学》，牛黎涛译，中国大百科全书出版社，2002。

威廉·J.古德：《家庭》，魏章玲译，社会科学文献出版社，1986。

吴文藻：《吴文藻人类学社会学研究文集》，民族出版社，1990。

吴云贵：《伊斯兰教法概略》，中国社会科学出版社，1993。

徐春莲、郑晨：《屋檐下的宁静变革：中国家庭30年》，广东高等教育出版社，2008。

阎云翔：《中国社会的个体化》，陆洋等译，上海译文出版社，2012。

杨善华、沈崇麟：《城乡家庭——市场经济与非农化背景下的变迁》，浙江人民出版社，2000。

杨善华：《家庭社会学》，高等教育出版社，2006。

杨思远：《咀头村调查（东乡族）》，中国经济出版社，2010。

俞德鹏：《城乡社会：从隔离走向开放——中国户籍制度与户籍法研究》，
　　山东人民出版社，2002。

张嘉选：《穿越时空——东乡60年发展的多重审视》，人民出版社，2010。

赵孟营：《新家庭社会学》，华中理工大学出版社，2000。

周伟文、严晓萍、刘中一：《生存在边缘：流动家庭》，河北人民出版
　　社，2002。

周晓虹：《现代社会心理学——多维视野中的社会行为研究》，上海人民出
　　版社，1997。

朱爱岚：《中国北方村落的社会性别与权力》，胡玉坤译，江苏人民出版
　　社，2004。

朱力：《中国民工潮》，福建人民出版社，2002。

白路、杜芳琴：《一个观察世界的新视角——女性主义男权制理论在中国
　　的传播和运用》，《江西社会科学》2009年第4期。

陈俊杰：《亲子关系中的代际倾斜与农民生育》，《人口研究》1995年第
　　1期。

陈少娜：《农村流动儿童受教育问题研究》，《中国青年研究》2012年第
　　10期。

陈文祥：《东乡族族源"撒尔塔"说商榷——兼论东乡族的形成》，《西北
　　第二民族学院学报》（哲学社会科学版）2007年第2期。

陈志成：《从"单位人"转向"社会人"——论我国城市社区发展的必然
　　性趋势》，《温州大学学报》2001年第7期。

崔应令：《外部迫力与内部整合——打工潮背景下的乡村夫妻关系研究》，
　　《广西民族大学学报》（哲学社会科学版）2009年第2期。

杜鹏、丁志宏、李全棉等：《农村子女外出务工对留守老人的影响》，《人
　　口研究》2004年第6期。

段继业：《宗教在西北少数民族地区的社会工作功能》，《青海社会科学》
　　2005年第6期。

樊欢欢：《家庭策略研究的方法论——中国城乡家庭的一个分析框架》，
　　《社会学研究》2000年第5期。

费孝通：《家庭结构变动中的老年赡养问题》，《北京大学学报》（哲学社

会科学版）1983 年第 3 期。

龚维斌：《农村劳动力外出就业与家庭关系变迁》，《社会学研究》1999 年
第 1 期。

华金·阿朗戈：《移民研究的评析》，《国际社会科学杂志》（中文版）
2001 年第 8 期。

洪彩华：《试从"反哺"与"接力"看中西亲子关系》，《伦理学研究》
2007 年第 2 期。

金一虹：《流动的父权：流动农民家庭的变迁》，《中国社会科学》2010 年
第 4 期。

景晓芬：《东乡族女性婚姻家庭研究》，《西北人口》2006 年第 6 期。

景晓芬：《少数民族女性的社会支持网络研究——以东乡族为例》，《安徽
农业科学》2011 年第 11 期。

李东山：《工业化与家庭制度变迁》，《社会学研究》2000 年第 6 期。

李强：《关于"农民工"家庭模式问题的研究》，《浙江学刊》1996 年第
1 期。

李强：《影响中国城乡流动人口的推力与拉力因素分析》，《中国社会科学》
2003 年第 1 期。

李培林：《巨变：村落的终结——都市里的村庄研究》，《中国社会科学》
2002 年第 1 期。

李庆丰：《农村劳动力外出务工对"留守子女"发展的影响——来自湖南、
河南、江西三地的调查报告》，《上海教育科研》2002 年第 9 期。

李伟民：《论人情——关于中国人社会交往的分析和探讨》，《中山大学学
报》1996 年第 2 期。

李霞：《依附者还是建构者——关于妇女亲属关系的一项民族志研究》，
《思想战线》2005 年第 1 期。

李小云：《"守土与离乡"中的性别失衡》，《中南民族大学学报》（人文社
会科学版）2006 年第 1 期。

李育红：《东乡族、保安族女性与民族发展》，《西北民族研究》2008 年第
2 期。

刘楚魁：《试析正确处理亲属关系》，《广西社会科学》2002 年第 6 期。

刘桂莉：《眼泪为什么往下流——转型期家庭代际关系倾斜问题探析》，

《南昌大学学报》（人文社科版）2005 年第 6 期。

廖杨：《东乡族宗法文化论》，《民族研究》2002 年第 4 期。

罗小锋：《制度变迁与家庭策略：流动家庭的形成》，《安徽农业大学学报》（社会科学版）2010 年第 6 期。

罗小锋：《时空伸延：半流动家庭中的夫妻关系维系策略》，《内蒙古农业大学学报》（社会科学版）2011 年第 2 期。

罗小锋：《流动民工家庭跨域抚育策略的研究》，《江南大学学报》（人文社会科学版）2011 年第 3 期。

马成良：《中国伊斯兰教与中国儒道思想关系浅析》，《西北民族学院学报》（哲学社会科学版）1990 年第 3 期。

马东平：《论伊斯兰教法之妇女观》，《甘肃社会科学》2001 年第 5 期。

马克林：《伊斯兰教妇女观对西北穆斯林女性的影响》，《宁夏社会科学》2007 年第 3 期。

马少虎、马进山、马少彪：《城市化进程中少数民族流动人口的教育观念研究——以兰州市东乡族流动人口为例》，《学术纵横》2009 年第 1 期。

马翔：《东乡族打平伙》，《中国民族》2009 年第 9 期。

马亚萍、王琳：《20 年来东乡族研究述评》，《西北第二民族学院学报》（哲学社会科学版）2003 年第 3 期。

马艳：《劳动力转移：社会变迁与家庭关系——以保安族为例》，《青海民族研究》2007 年第 4 期。

马志勇：《"撒尔塔"与东乡族族源》，《西北民族学院学报》（哲学社会科学版）1983 年第 1 期。

潘鸿雁：《农村分离的核心家庭与社区支持》，《甘肃社会科学》2005 年第 4 期。

潘鸿雁、孟献平：《家庭策略与农村非常规核心家庭夫妻权力关系的变化》，《新疆社会科学》2006 年第 6 期。

潘鸿雁：《对非常规核心家庭实践的亲属关系的考察——以翟城村为例》，《新疆大学学报》（哲学·人文社会科学版）2006 年第 6 期。

潘允康：《家庭网和现代家庭生活方式》，《天津社会科学》1988 年第 1 期。

裴婷婷:《宗教文化对东乡族妇女婚姻权利的影响之调查研究》,《西北民族大学学报》(哲学社会科学版) 2008 年第 2 期。

彭希哲、梁鸿:《家庭规模缩小对家庭经济保障能力的影响:苏南实例》,《人口与经济》2002 年第 1 期。

苏日娜、赛尔格:《蒙古族流动人口的婚姻家庭状况——以内蒙古呼和浩特市为例》,《中央民族大学学报》(哲学社会科学版) 2005 年第 6 期。

孙慧芳、时立荣:《农村流动家庭的夫妻关系研究——来自太原市城乡接合部 H 社区的调查》,《北京科技大学学报》(社会科学版) 2007 年第 4 期。

唐灿:《家庭现代化理论及其发展的回顾与评述》,《社会学研究》2010 年第 3 期。

王春光:《新生代农村流动人口的社会认同与城乡融合的关系》,《社会学研究》2001 年第 3 期。

王春光:《荆门市农村妇女社会角色变化的调查研究》,《沙洋师范高等专科学校学报》2004 年第 4 期。

王春光:《农民工在流动中面临的社会体制问题》,《中国党政干部论坛》2004 年第 4 期。

王金玲:《家庭权力的性别格局:不平等还是多维度网状分布?》,《华中科技大学学报》(社会科学版) 2009 年第 2 期。

王鹏飞:《现代家庭权力结构与家庭管理》,《经营管理者》2008 年第 13 期。

王水珍、刘成斌:《流动与留守——从社会化看农民工子女的教育选择》,《青年研究》2007 年第 1 期。

王思斌:《经济体制改革对农村社会关系的影响》,《北京大学学报》(哲学社会科学版) 1987 年第 3 期。

王希隆、连芙蓉:《论西北回族重商文化形成的原因》,《中南民族大学学报》(人文社会科学版) 2008 年第 4 期。

王跃生:《制度变革、社会转型与中国家庭变动——以农村经验为基础的分析》,《开放时代》2009 年第 3 期。

王跃生:《20 世纪三四十年代冀南农村分家行为研究》,《近代史研究》

2002 年第 4 期。

王跃生:《中国家庭代际关系的理论分析》,《人口研究》2008 年第 4 期。

王跃生:《个体家庭、网络家庭和亲属圈家庭分析——历史与现实相结合的视角》,《开放时代》2010 年第 4 期。

汪佐礼、白鲸:《试论东乡族伦理道德思想观念》,《西北民族学院学报》(哲学社会科学版)1998 年第 3 期。

文军:《从分治到融合:近 50 年来我国劳动力移民制度的演变及其影响》,《学术研究》2004 年第 7 期。

温蓉:《社会变迁中的东乡族家庭:结构、功能及家庭成员关系》,《社科纵横》2007 年第 4 期。

吴毅:《从革命到后革命:一个村庄政治运动的历史轨迹——兼论阶级话语对于历史的建构》,《学习与探索》2003 年第 2 期。

夏国锋:《村庄公共生活:历史变迁与外力形构——鲁西南夏村的个案考察》,《甘肃行政学院学报》2010 年第 5 期。

熊坤新、什木逊·马守途:《东乡族伦理思想管窥》,《新疆师范大学学报》(哲学社会科学版)2007 年第 2 期。

徐安琪:《夫妻权力和妇女家庭地位的评价指标:反思与检讨》,《社会学研究》2005 年第 4 期。

许传新、陈国华、王杰:《亲子关系:"流动"与"留守"子女的比较》,《中国青年研究》2011 年第 7 期。

徐慧清:《社会转型时期农村邻里冲突的解构分析》,《安徽农业大学学报》2005 年第 3 期。

阎云翔:《家庭政治中的金钱与道义:北方农村分家模式的人类学分析》,《社会学研究》1998 年第 6 期。

杨善华、赵力涛:《中国农村社会转型中社区秩序的重建:制度背景下的"农户—社区"互动结构考察》,《社会学研究》1996 年第 5 期。

杨善华、侯红蕊:《血缘、姻缘、亲情与利益——现阶段中国农村社会中"差序格局"的"理性化"趋势》,《宁夏社会科学》1999 年第 6 期。

杨善华:《改革以来中国农村家庭三十年——一个社会学的视角》,《江苏社会科学》2009 年第 2 期。

翟存明:《关于唤醒少数民族女性自我意识的几点思考》,《西北民族大学学报》（哲学社会科学版）2009 年第 5 期。

张传红：《乡城流动对夫妻家庭性别分工的影响研究》，《中国农业大学学报》（社会科学版）2010 年第 3 期。

张传红、李小云：《流动家庭性别关系满意度变化研究——以北京市农民工流动家庭为例》，《妇女研究论丛》2011 年第 4 期。

张继焦：《外出打工者对其家庭和社区的影响——以贵州为例》，《民族研究》2000 年第 6 期。

张利军：《农民工的社区融入和社区支持研究》，《云南社会科学》2006 年第 6 期。

张思：《近代华北农村的农家生产条件·农耕结合·村落共同体》，《中国农史》2003 年第 3 期。

张文宏、阮丹青：《城乡居民的社会支持网》，《社会学研究》1999 年第 3 期。

张永健：《家庭与社会变迁——当代西方家庭史研究的新动向》，《社会学研究》1993 年第 2 期。

周林刚：《家庭对农业劳动力流动作用的多因素分析》，《西北民族研究》2003 年第 3 期。

周毅：《中国人口流动的现状和对策》，《社会学研究》1998 年第 3 期。

朱俊卿：《农村亲子关系特点的定性研究》，《周口师范高等专科学校学报》2001 年第 5 期。

邹农俭：《论农民的非农化》，《社会科学战线》2002 年第 1 期。

邹农俭：《进城人口的户籍制度改革》，《经济社会体制比较》2003 年第 5 期。

邹农俭：《也谈解决"三农"问题的根本途径》，《中共福建省委党校学报》2004 年第 2 期。

白晓荣：《边缘群体的城市适应——兰州市"东乡村"及其民俗生活研究》，硕士学位论文，西北民族大学，2006。

常小美：《后常庄的邻里互助研究——以丧葬仪式为例》，硕士学位论文，安徽大学，2007。

马春华：《市场化与中国农村家庭的性别关系——社会变迁过程中川西村家庭性别关系的变化》，博士学位论文，中国社会科学院，2003。

马京：《云南兴蒙蒙古族婚姻家庭的变迁》，博士学位论文，云南大学民族研究院，2006。

潘鸿雁：《适应与变迁：社会转型加速期华北农村非常规核心家庭关系研究——以定州农村为例》，博士学位论文，中国人民大学，2006。

于慧：《西北少数民族流动人口家庭亲子互动过程的实地研究——以甘肃省 L 市为例》，硕士学位论文，西北师范大学，2004。

张利洁：《东乡族贫困与反贫困问题研究》，博士学位论文，兰州大学西北少数民族研究中心，2003。

《曹锦清：中国农村转型：转向何方？》，http：∥www. snzg. net/article/2006/1112/article_1840. html，最后访问日期：2019 年 1 月 22 日。

陈一筠：《我国城市家庭经历着"职能转换"》，《社会科学报》（北京）1991 年 1 月 31 日，第 4 版。

中华人民共和国国家统计局网站公布的六普数据，http：∥www. stats. gov. cn/tjsj/pcsj/rkpc/6rp/indexch. htm。

附录 1

访谈提纲

一　个人及家庭的生活历程

1. 家庭基本情况，包括婚丧嫁娶、生老病死、分家、变迁等家庭人口事件。家庭成员职业变动情况，包括所有职业变动方面的情况，如就业、兼业、下岗和工作调动等。

2. 家庭经济变化情况，包括年总收入及收入构成（在农村主要是农业收入与非农业收入之比，在城市为工资收入与非工资收入之比）；家庭支出（日常开支及重大开支合在一起）、支出构成、储蓄、农业投资情况。

3. 家庭生产经营变化情况，包括责任田变化，如最早分责任田是何时，是否为"大包干"形式的责任制，责任田有多少亩，种什么，谁种，收入多少（包括粮食产量），粮食产品买给谁，责任田是否调整过，结果责任田数量是增加了还是减少了，是否为专业户或是否经营其他副业，经营项目及收入。

4. 主要农作物变化情况。

5. 住房变化情况，居住地变化情况，工作单位、村或社区变化情况。家中近两年遭遇过什么样的重大事件，如遭遇自然灾害及对家庭产生影响的其他重大事件，如何解决，事件的起因、经过与结果如何，谁参与，谁给予帮助。

二 针对从业者

1. 何时上学，何时毕业。

2. 何时参加村里的劳动（拿工分或拿工资）。

3. 何时换成非农业工作或参加非农业工作；在城市何时就业。

4. 何时择偶，择偶标准；有无订婚，订婚过程；何时结婚；婚后居处的选择；结婚消费钱主要花在何处。

5. 何时有孩子，孩子上学到何时，在孩子上学方面花钱情况及来源；孩子何时工作、结婚和分家；谁先提出分家；分出去居住的孩子现在居住何处，有无来往，有无向被访者提供物质及其他方面的帮助；是否对分出去的孩子提供帮助，如承担家务、照看孩子。

6. 本人是否调动工作，若是，则何调动，换工作原因；是否参加过工作或转换工作所需要的专业培训；目前健康情况；何时外出打工，为何打工，谁带出去打工，资金从何而来，打工的具体情况，今后的打算。

如果是经营个体户的，则何时开店，当时投资情况，资金来源，有哪些社会关系帮助打通经营企业所需要的各种许可。现在雇人多少，人员来源，工资情况，产品销路，生产规模，管理人员和技术人员来源，每年纯利润。

三 夫妻关系

1. 感情联系和变化，包括联系方式、内容和频次；丈夫回老家的次数；夫妻吵架甚至打架、离婚等方面的情况。

2. 家庭家务分工——购物、做饭、洗衣、照看孩子或赡养老人的承担者。

3. 家庭权力分布及决策权——如谁当家，谁管钱，日常开支谁安排，重大开支（投资、建房、购买耐用消费品、子女结婚或上学开支）谁决定。对目前家庭的家务分工及重大开支的决定是否满意。被访人对目前家庭关系与夫妻关系的看法。夫妻对这种分离式生活的不同感受，重点考察女性的家庭地位在这个过程中的变化。

针对女性：离娘家的远近，回娘家的次数，基于什么进行联系，有没有金钱上的往来，在什么情况下会有这种往来。

四　子女情况

1. 传统上对生育子女的数量及性别的认识和观点；对子女受教育的态度；家庭教育的内容；宗教教育的情况。

2. 现在的情况以及出现的变化。

五　赡养方式

1. 经济来源：养老金、老人自己干活的收入、银行储蓄、子女补贴或全部由子女负担。若几种情况兼有，则每一部分来源所占的比例。

2. 日常生活照料：不管与子女同住或分住，日常家务由谁做，健康老人是否仍需要帮助同住或不同住的子女做家务、看孩子；老人生活中的一些问题谁帮着处理（如生活不能自理的老人的洗澡、上厕所等问题）。

3. 老人有无责任田？谁种？

4. 老人若心情不好，子女是否回来关心？平时与子女交谈或交流多不多？遇到意外事件（急病、丢失东西、灾害）子女是否会帮忙。

5. 送终：老人若去世时，丧事由谁料理？

6. 在以上这些养老问题上，儿子与女儿是否有区别？有哪些区别？

7. 多子女的老人，孩子之间的责任一般如何划分？老人一般与哪个孩子同住（若有同住）？

8. 子女成年后的分家问题：谁提出，谁主持，有无分家文书，养老责任有无明确规定。

六　家庭交往

1. 主要来往的亲属是姻亲、兄弟姐妹还是其他亲戚（谁和你更近，你的兄弟还是你的内弟即大舅子或小舅子？如果当地社会有礼簿记载的话，可以利用搜集礼单来反映当地的亲属关系和往来）？

2. 外出打工之后，家中土地如何处置？如果出租，由谁承租？

3. 家伍情况有没有变化？

4. 流动出去的人在亲属家里有事情的时候会不会回来？在什么样的情况下会回来？

5. 自己家里有困难了会求助于哪些亲戚？

七　对目前生活的一个总体感觉

现在生活比改革开放前是好了还是差了？家庭成员的外出流动对家庭的影响，包括经济方面和家庭关系等方面。

八　文化传统的变化（主要是对国家各项政策和制度的感知：如《婚姻法》、计划生育政策等）

1. "孝"道在农村中的影响、《古兰经》对孝顺的要求与规定以及在改革开放前后出现的一些变化。不养父母是否会受舆论谴责？老年人是否仍需要自己干活养活自己？对赡养父母好的子女，舆论是否有强烈的赞扬？

2. 平等意识：家中谁说了算？老年人是否仍居于支配地位？对需要供养的老人子女有无怨言？

3. 婚俗（招女婿、结婚彩礼、婚礼风俗）。

九　知识分子、当地干部、宗教界人士

对于知识分子、当地干部、宗教界人士的个人基本情况可参照普通村民的访谈提纲，重点主要考察他们对于这种流动行为的不同看法和态度；流动行为对本民族的文化传承、村落的发展、宗教信仰等方面产生的积极影响和消极影响。

1. 教师：对于留守儿童教育的一些观点和认识；对双语教学的开展和推广的一些意见和建议；对本民族教育发展的一些期望和建议。

2. 当地干部：村落史、土地情况、村民的一般收入情况、村落公共活动的相关情况、有无共同捐钱从事某项活动的经历、村落中的大姓以及各家在村落中的地位、这些地位如何获得大家的公认？

3. 宗教界人士：宗教生活的开展、执行情况，宗教节日的组织，传统文化的传承，清真寺经费的来源情况，寺众的范围。

附录 2

调查问卷

一　住户基本情况

1. 调查对象姓名_____。

2. 性别_____。

3. 年龄_____。

4. 户主姓名_____。

5. 当家人姓名_____。

6. 家庭总人口数_____人。

其中：男性_____人；

女性_____人。

常年在外地打工的有_____人，固定留守的人员有_____人。

7. 家庭结构是：

（1）单身家庭1（未婚）　（2）单身家庭2（结过婚）　（3）夫妻家庭1（未生育）　（4）夫妻家庭2（空巢）　（5）核心家庭　（6）主干家庭1（完整）　（7）主干家庭2（残缺）　（8）主干家庭3（直系）　（9）联合家庭　（10）隔代家庭　（11）其他家庭

8. 家庭代数_____代。

9. 夫妻对数_____对。

10. 目前丈夫的父母、兄弟姐妹还有_____人健在。

11. 目前妻子的父母、兄弟姐妹还有_____人健在。

12. 目前已经分家单过的儿子、女儿有_____人。

二 家庭成员表（见后附表1）

三 家庭亲属关系（见后附表2、表3、表4）

四 婚姻情况

1. 您与配偶认识的途径：

（1）父母、亲戚介绍 （2）同事、朋友介绍 （3）媒婆介绍 （4）组织介绍 （5）婚姻介绍所和媒体介绍 （6）自己认识 （7）其他

如果是经人介绍［回答（1）（2）（3）者］，介绍人首先向谁提出：

（1）父母或其他长辈 （2）本人 （3）家庭其他成员

如果是自己认识［回答（6）者］，当时两人是：

（1）同学 （2）师生 （3）同事 （4）朋友 （5）邻居 （6）偶然认识 （7）其他

2. 从认识到结婚一共多长时间：_____月。

3. 最后决定婚姻的方式是：

（1）父母决定，不问本人 （2）父母决定，征求本人意见 （3）本人和父母共同决定 （4）本人决定，征求父母意见 （5）本人决定，不问父母意见 （6）其他

4. 登记结婚的时间是_____年___月___日。

5. 举行婚礼的时间是_____年___月___日。

6. 结婚时双方父母的情况是（结婚时父母已去世者填写父母生前的情况）（见表5）。

表5 结婚时双方父母的情况

1. 个人	2. 行业	3. 单位性质	4. 职业	5. 文化程度	6. 年总收入
男方父亲					
男方母亲					
女方父亲					
女方母亲					

7. 主要的婚礼形式是：

（1）拜天地 （2）婚宴 （3）茶话会（吃喜糖） （4）集体婚礼 （5）旅行结婚 （6）西式婚礼 （7）双方家庭聚餐 （8）其他

8. 为结婚两家共花费_____元。

其中：男方本人花费_____元；

男方父母花费_____元；

女方本人花费_____元；

女方父母花费_____元。

9. 您婚后希望的居处是：

（1）住男家 （2）住女家 （3）独立门户 （4）其他

但您实际的居处是：

（1）住男家 （2）住女家 （3）独立门户 （4）其他

10. 结婚时的家庭成员有（按实际情况选择）：

（1）父母 （2）岳父母（公婆） （3）祖父母（外祖父母） （4）配偶 （5）兄弟 （6）姐妹 （7）侄子女 （8）兄弟配偶 （9）姐妹配偶 （10）其他

11. 结婚时婆家和娘家的居住地是：

（1）邻居 （2）同居委会（村） （3）同街道（乡） （4）同区（县） （5）同城市 （6）同省 （7）外省 （8）其他

12. 结婚时，您的年总收入是_____元；

结婚时，您配偶的年总收入是_____元。

五 农村家庭经营情况

1. 家庭农业经营情况（见表6）。

表6 家庭农业经营情况

项目	面积（亩）	饲养种类	数量（头/匹/只）
（1）耕地（内容）		（5）牛	
其中：水田		（6）马	
旱地		（7）羊	
菜地		（8）兔	

续表

项目	面积（亩）	饲养种类	数量（头/匹/只）
（2）桑茶果园		（9）鸡	
（3）林地		（10）其他	
（4）鱼塘			

2. 在表 6 的项目中，收入最高的是_____。

3. 在农业耕种方面已经采用的技术有（多项选择）：

（1）机械耕作　（2）牲畜耕作　（3）机械灌溉　（4）机械播种　（5）机械收割　（6）其他新技术

4. 家庭中是否还有其他的经营项目：

（1）有　（2）无

5. 如果有，主要是：

（1）工业　（2）交通运输业　（3）商业　（4）服务业　（5）维修业（6）小手工业　（7）其他

6. 在过去的一年中，从家庭承包地中收获的粮食有_____斤，自己吃了_____斤。

7. 在过去的一年中，自己家庭产的肉类有____斤，自己吃了____斤。

8. 在过去的一年中，家庭的总收入一共有_____元。

其中：农业收入是_____元；

　　　非农业收入是_____元。

六　家庭生活

1. 目前您家庭已经购买的耐用消费品共有_____件（说明：城市要求价值在 1000 元以上，农村在 300 元以上）。

2. 耐用消费品的情况（见表 7）。

3. 您购买个人服装、化妆品、烟酒，个人应酬等方面的开支是否要与配偶商量：

（1）全部要商量　（2）大部分要商量　（3）一般要商量　（4）小部分要商量　（5）不用商量

4. 您配偶购买个人服装、化妆品、烟酒，个人应酬等方面的开支是否要与您商量：

（1）全部要商量 （2）大部分要商量 （3）一般要商量 （4）小部分要商量 （5）不用商量

（一）夫妻关系

5. 总的来说，您家庭的家务劳动在夫妻间的分工是：

（1）以丈夫为主 （2）丈夫较多 （3）共同承担 （4）妻子较多 （5）以妻子为主

表 7　家庭耐用消费品情况

1. 序号	2. 品名 （1）彩电 （2）黑白电视机 （3）电冰箱 （4）录像机 （5）音响 （6）洗衣机 （7）空调 （8）电话 （9）摩托车 （10）录音机 （11）电脑 （12）手机 （13）汽车 （14）其他 （请具体说明）	3. 购买年代 （年）	4. 购买时价值 （元）	5. 提议购买者 （1）丈夫 （2）妻子 （3）父亲（公公、岳父） （4）母亲（婆婆、岳母） （5）儿子、女婿 （6）女儿、媳妇 （7）孙子女 （8）全家 （9）其他	6. 决定购买者 （1）丈夫 （2）妻子 （3）父亲（公公、岳父） （4）母亲（婆婆、岳母） （5）儿子、女婿 （6）女儿、媳妇 （7）孙子女 （8）全家 （9）其他
1					
2					
3					
4					
5					
6					
7					
8					

6. 您家庭中，具体的家务劳动承担情况是（按目前实际情况填写）（见表8）。

表 8   家务劳动承担情况

项目	1. 以丈夫为主	2. 以妻子为主	3. 共同承担	4. 其他家人承担	5. 其他人承担	6. 不适用
购物						
洗衣服						
做饭						
洗碗						
扫除						
教育子女						
照料子女						

7. 你们夫妻之间是否经常有许多话题可交谈：

（1）总有说不完的话题 （2）经常有 （3）有时有 （4）偶尔有
（5）无话不谈

8. 是否因丈夫外出打工，而导致夫妻之间在感情上出现裂痕：

（1）曾经出现过 （2）未出现过

9. 若出现过，为什么会出现：

（1）夫妻之间的交流和对话太少 （2）婚外恋 （3）丈夫对妻子在孩子教育和住房管理方面不满，而妻子对丈夫将家中所有的事情交给自己不满

10. 夫妻之间的交流方式主要为：

（1）电话 （2）汇款 （3）网络 （4）手机 （5）书信

如果是电话交流，你们多长时间联系一次：

（1）3 天之内 （2）4～7 天 （3）8～10 天 （4）11 天至 1 个月
（5）1 个月以上

打一次电话一般交流多长时间：

（1）10 分钟以内 （2）10～30 分钟 （3）30～60 分钟 （4）60 分钟以上

11. 你们交流的内容有哪些：

（1）日常琐事 （2）孩子、老人的事 （3）家里的农活 （4）重大事情 （5）夫妻之间的感情

12. 当您和配偶在意见不一致时，是否会发生争吵：

（1）经常 （2）有时候 （3）偶尔发生 （4）没有

13. 当家庭中发生争吵后，夫妻之间是否发生过动人打人的情况：

（1）妻子经常动手 （2）丈夫经常动手 （3）妻子偶尔动手 （4）丈夫偶尔动手 （5）双方从不动手

14. 在夫妻发生争吵后，一般最先由谁和解：

（1）丈夫 （2）妻子 （3）差不多

15. 您对自己婚姻的满意程度如何：

（1）满意 （2）一般 （3）不满意 （4）很难评价

16. 如果一方发生婚外恋，您的态度是什么：

（1）努力挽回 （2）听之任之 （3）委曲求全 （4）坚决离婚 （5）回心转意，既往不咎 （6）他找我也找

17. 你们处理夫妻矛盾的主要方法有：

（1）交换意见 （2）委曲求全 （3）要求对方听自己的 （4）他人帮助

18. 丈夫外出后，夫妻之间的关系变化是：

（1）没变化 （2）越来越亲密 （3）越来越疏远 （4）说不清楚

19. 您认为目前家庭中通常谁更有实权：

（1）丈夫 （2）妻子 （3）公公（岳父）、父亲 （4）婆婆（岳母）、母亲 （5）儿子、女婿 （6）女儿、媳妇 （7）夫妻共同 （8）全家共同 （9）其他

20. 丈夫外出打工前，下列事情由谁决定：

（1）孩子升学、就业 （　　　）
（2）日常生活开支 （　　　）
（3）储蓄和投资 （　　　）
（4）从事什么生产 （　　　）
（5）购买高档商品 （　　　）
（6）盖房、买房 （　　　）

丈夫外出打工后，下列事情由谁决定：

（1）孩子升学、就业 （　　　）
（2）日常生活开支 （　　　）
（3）储蓄和投资 （　　　）

（4）从事什么生产 （　　　）

（5）购买高档商品 （　　　）

（6）盖房、买房 （　　　）

21. 丈夫外出打工前，村里的公共事务，如计划生育、选举等一般是由谁参加：

（1）丈夫 （2）妻子 （3）夫妻共同 （4）无人参加

丈夫外出打工后，村里的公共事务，如计划生育、选举等一般是由谁参加：

（1）丈夫 （2）妻子 （3）夫妻共同 （4）无人参加

22. 在丈夫外出后，您如何打发闲暇时光：

（1）看电视 （2）串门聊天 （3）打牌 （4）打麻将 （5）做家务

23. 妇女通过什么途径接收外界信息？依次排名：

（1）电视 （2）各种培训 （3）外出打工人员 （4）外出打工丈夫 （5）朋友 （6）邻居

（二）亲子关系

（24～25题针对孩子）

24. 您是否跟父母说心里话：

（1）不说 （2）是的

如果说，您跟谁说心里话：

（1）同学 （2）母亲 （3）父亲 （4）其他人 （5）跟父亲、母亲都说

25. 您跟家里的哪一个人最亲，为什么？

（1）父亲 （2）母亲 （3）爷爷、奶奶 （4）一样亲

26. 您更偏爱哪一个孩子？

（1）老大 （2）老二 （3）老小 （4）都一样

27. 您了解孩子的内心世界吗？

（1）不了解 （2）不太了解 （3）了解

28. 您能说出自孩子上学以来，所做的最让人高兴的三件事和最让人不高兴的三件事吗？

（1）记不得 （2）能说出 （3）不知道

29. 夫妻双方是否有老人需要赡养和照料？

（1）双方均无老人 （2）有男方老人 （3）有女方老人 （4）双方均有老人

30. 对男方老人的赡养和照料主要是（请选最主要的一项）：

（1）经济上赡养 （2）生活上照顾、照料 （3）关心老人精神状态（4）未承担 （5）其他 （6）不适用

31. 对女方老人的赡养和照料主要是（请选最主要的一项）：

（1）经济上赡养 （2）生活上照顾、照料 （3）关心老人精神状态（4）未承担 （5）其他 （6）不适用

32. 如果是在经济上赡养，每月的赡养费是：

男方老人_____元；

女方老人_____元。

33. 父母是否资助您的家庭经济，如果资助，平均每月资助的费用是：

男方父母_____元；

女方父母_____元。

34. 您上年纪后希望与子女同住吗？

（1）想同住 （2）不想同住 （3）不适用［答案选择（2）或（3），跳答 37 题］

35. 如果想同住，希望与哪个子女同住：

（1）无论儿子还是女儿，都与老大同住 （2）与长子同住 （3）与长女同住 （4）与最小的子女同住 （5）与未婚的子女同住 （6）与最合得来的子女同住 （7）任何一个都可以 （8）其他

36. 您希望什么时候与子女同住？

（1）尽量早些 （2）夫妻一方去世时 （3）生活需要照顾时 （4）尽量晚些 （5）没想过

37. 您年老后主要的生活费来源是（按重要程度选三项）：

（1）单位养老金或退休金 （2）个人养老金 （3）房租收入 （4）子女的援助 （5）尽可能工作 （6）其他（请具体说明）_____

第一重要的是_____；

第二重要的是_____；

第三重要的是_____。

38. 为了今后的生活，您现在的准备是（按重要程度选择三项）：

（1）储蓄 （2）投资不动产 （3）投资股票 （4）让孩子有个高收入的工作 （5）依靠父母的财产 （6）借款 （7）买保险 （8）没有准备 （9）其他

第一位的是_____；

第二位的是_____；

第三位的是_____。

七　家庭交往关系

1. 在节日中与您的家庭来往比较多的人是（按来往的多少选择前三项）：

（1）丈夫的父母 （2）妻子的父母 （3）分家的儿子 （4）出嫁的女儿 （5）丈夫的兄弟姐妹 （6）妻子的兄弟姐妹 （7）男方的其他亲戚 （8）女方的其他亲戚 （9）其他人 （10）不适用

来往最多的是_____；

其次是_____；

再次是_____。

2. 近 10 年中，您家庭是否有因结婚、生重病、建房（装修房）等需要他人的资助和出劳力帮忙的事件？

（1）有 （2）无

3. 如果有资助，请列出给予资助最多的三个亲属：

（1）丈夫的父母 （2）妻子的父母 （3）分家的儿子 （4）出嫁的女儿 （5）丈夫的兄弟姐妹 （6）妻子的兄弟姐妹 （7）男方的其他亲戚 （8）女方的其他亲戚 （9）其他人 （10）不适用

最多的是_____；

其次是_____；

再次是_____。

4. 如果有出劳力，请列出出劳力最多的三个亲属：

（1）丈夫的父母 （2）妻子的父母 （3）分家的儿子 （4）出嫁的女儿 （5）丈夫的兄弟姐妹 （6）妻子的兄弟姐妹 （7）男方的其他亲戚 （8）女方的其他亲戚 （9）其他人 （10）不适用

最多的是_____；

其次是_____；

再次是_____。

5. 在最近一年中，农忙期间给您帮助最多的三个亲属是：

（1）丈夫的父母 （2）妻子的父母 （3）分家的儿子 （4）出嫁的女儿 （5）丈夫的兄弟姐妹 （6）妻子的兄弟姐妹 （7）男方的其他亲戚 （8）女方的其他亲戚 （9）其他人 （10）不适用

最多的是_____；

其次是_____；

再次是_____。

6. 丈夫外出后，您家和邻居的关系：

（1）没有变化 （2）越来越亲密 （3）越来越疏远 （4）说不清楚

7. 丈夫外出后，您家和亲戚的关系：

（1）没有变化 （2）越来越亲密 （3）越来越疏远 （4）说不清楚

表 1 家庭成员情况

1. 姓名(序号)	2. 性别	3. 出生年月	4. 与本人的关系	5. 婚姻状况	6. 文化程度	7. 政治面貌	8. 民族	9. 就业情况	10. 就业单位
	(1)男 (2)女		(1)本人 (2)配偶 (3)父母 (4)祖父母 (5)外祖父母 (6)岳父母 (7)公婆 (8)子女 (9)孙子女 (10)外孙子女 (11)媳婿 (12)兄弟姐妹 (13)其他	(1)未婚 (2)初婚 (3)离婚再婚 (4)丧偶再婚 (5)离婚未再婚 (6)丧偶未再婚 (7)其他	(1)文盲 (2)小学 (3)初中 (4)高中 (5)中专、技校 (6)大专 (7)大学本科以上 (8)其他	(1)中共党员 (2)共青团员 (3)民主党派 (4)无党派	(1)汉 (2)回 (3)东乡 (4)其他	(1)正常工作 (2)离退休再就业 (3)下岗再就业 (4)下岗 (5)停职留薪 (6)学前儿童 (7)学生 (8)务农 (9)待业 (10)离退休 (11)病休 (12)丧失劳动力 (13)其他	(1)农林牧渔水利业 (2)工业 (3)手工业 (4)地质普查与勘探业 (5)建筑业 (6)交通运输与邮电通信业 (7)商业 (8)房地产管理、公用事业、居民服务、咨询服务 (9)卫生体育、社会福利事业 (10)教育文化艺术 (11)科学研究、综合技术服务 (12)金融保险业 (13)国家机关、政党团体 (14)其他
1									
2									
3									
4									
5									
6									
7									
8									
9									
10									

续表

11. 单位性质 (1)全民 (2)集体 (3)合作 (4)乡镇企业 (5)三资 (6)股份 (7)私营 (8)个体 (9)农户 (10)政府机构 (11)其他	12. 职业 (1)党政机关领导干部 (2)群众团体领导干部 (3)企事业单位领导干部 (4)村(居)民委员会合干部 (5)专业技术人员 (6)教师 (7)经济业务人员 (8)办事人员 (9)销售人员 (10)服务人员 (11)工人 (12)农林牧渔劳动者 (13)军人 (14)个体户或私营业主 (15)承包人 (16)其他	13. 工作地点 (1)本地 (2)本省县城 (3)本省地区市 (4)本省大城市 (5)本省其他农村 (6)外省农村 (7)外省城市 (8)国外 (9)其他	14. 健康状况 (1)很好 (2)一般 (3)差 (4)生活不能自理 (5)其他	15. 过去一年内的收入(元)	16. 居住地 (1)本址 (2)同居委会(村) (3)同街道(乡镇) (4)同区(县) (5)本省其他农村 (6)本省城市 (7)外省农村 (8)外省城市 (9)国外 (10)其他	17. 户口所在地(同左)	18. 户口类别 (1)城市 (2)城镇 (3)农村 (4)城市蓝印 (5)其他	19. 1991年以后是否到县城以上的城市或城镇工作过打过工? (1)是 (2)否	20. 外出工作累计时间 (1)半年以内 (2)半年至1年 (3)1年至3年 (4)3年至5年 (5)5年至10年 (6)10年以上 (7)无
1									
2									
3									
4									
5									
6									
7									
8									
9									
10									

附录 2 ∥ 159

表 2 丈夫的父母、兄弟姐妹情况

1. 序号	2. 与丈夫的关系 (1)兄 (2)弟 (3)姐 (4)妹 (5)父 (6)母	3. 年龄(岁)	4. 婚姻情况 (1)未婚 (2)初婚 (3)离婚再婚 (4)丧偶再婚 (5)离婚未再婚 (6)丧偶未再婚 (7)其他	5. 居住地 (1)本址 (2)同居委会(村) (3)同街道(乡镇) (4)同区(县) (5)本省其他农村 (6)本省城市 (7)外省农村 (8)外省城市 (9)国外 (10)其他	6. 户口所在地(同左)	7. 何时与丈夫的父母分居的	8. 原因 (1)分家 (2)结婚 (3)外出工作 (4)读书离开 (5)其他	9. 目前交往频率 (1)每天 (2)每周四次以上 (3)每周至少一次 (4)每月至少一次 (5)每年至少一次 (6)多年未住 (7)其他	10. 是否与父母同住 (1)是 (2)否 (3)为父母本人
1									
2									
3									
4									
5									
6									

表 3　妻子的父母、兄弟姐妹情况

1. 序号	2. 与妻子的关系 (1)兄 (2)弟 (3)姐 (4)妹 (5)父 (6)母	3. 年龄(岁)	4. 婚姻情况 (1)未婚 (2)初婚 (3)离婚再婚 (4)丧偶再婚 (5)离婚未再婚 (6)丧偶未再婚 (7)其他	5. 居住地 (1)本址 (2)同居委会(村) (3)同街道(乡镇) (4)同区(县) (5)本省其他农村 (6)本省城市 (7)外省农村 (8)外省城市 (9)国外 (10)其他	6. 户口所在地(同左)	7. 何时与妻子的父母分居的	8. 原因 (1)分家 (2)结婚 (3)外出工作 (4)读书离开 (5)其他	9. 目前交往频率 (1)每天 (2)每周四次以上 (3)每周至少一次 (4)每月至少一次 (5)每年至少一次 (6)多年不来往 (7)其他	10. 是否与父母同住 (1)是 (2)否 (3)为父母本人
1									
2									
3									
4									
5									
6									

表 4 分开的子女情况

1. 序号	2. 与本人的关系 (1)儿子 (2)女儿	3. 年龄（岁）	4. 婚姻状况 (1)未婚 (2)初婚 (3)离婚再婚 (4)丧偶再婚 (5)离婚未再婚 (6)丧偶未再婚 (7)其他	5. 居住地 (1)本址 (2)同居委会（村） (3)同街道（乡镇） (4)同区县（县） (5)本省其他农村 (6)本省城市 (7)外省农村 (8)外省城市 (9)国外 (10)其他	6. 户口所在地 （同左）	7. 何时开始与父母分居	8. 原因 (1)分家 (2)结婚 (3)外出工作 (4)读书离开 (5)其他	9. 目前交往频率 (1)每天 (2)每周四次以上 (3)每周至少一次 (4)每月至少一次 (5)每年至少一次 (6)不来往 (7)其他
1								
2								
3								
4								
5								
6								
7								

图书在版编目（CIP）数据

人口流动与家庭关系的变迁：甘肃岭村调查 / 连芙
蓉著. -- 北京：社会科学文献出版社，2019.5
ISBN 978 - 7 - 5201 - 4674 - 6

Ⅰ.①人… Ⅱ.①连… Ⅲ.①农村 - 人口流动 - 关系
- 家庭关系 - 研究 - 甘肃 Ⅳ.①C924.24②D669.1

中国版本图书馆 CIP 数据核字（2019）第 068832 号

人口流动与家庭关系的变迁
——甘肃岭村调查

著　　者 / 连芙蓉

出 版 人 / 谢寿光
责任编辑 / 胡庆英
文稿编辑 / 孙智敏

出　　版 / 社会科学文献出版社·群学出版分社 （010）59366453
　　　　　地址：北京市北三环中路甲 29 号院华龙大厦　邮编：100029
　　　　　网址：www. ssap. com. cn
发　　行 / 市场营销中心 （010）59367081　59367083
印　　装 / 三河市尚艺印装有限公司

规　　格 / 开 本：787mm × 1092mm　1/16
　　　　　印 张：10.5　字 数：172 千字
版　　次 / 2019 年 5 月第 1 版　2019 年 5 月第 1 次印刷
书　　号 / ISBN 978 - 7 - 5201 - 4674 - 6
定　　价 / 69.00 元